Barbara Yurtdaş
Gebrauchsanweisung für die Türkei

Inhalt

Einleitung
Der sobjektive Blick 9
Orientalische Märchen 13
Hoşgeldiniz!
Von Gastfreundschaft und Tourismus 21
Ömür biter, yol bitmez 42
Weltmeister im Gemüseverbrauch 65
Bismillahirrahmanirrahim 81
Frauen, Männer, Großfamilie 97
Eine Riesenbaustelle
Vom raschen Wandel der Lebensverhältnisse 121
Zwischen Asien und Europa
Von der ungleichen Liebe zwischen Türken und
Deutschen und vom rettenden Humor 142
Bazar / pazar 152
Maşallah!
Von der Beschneidung übers türkische Bad zu
Hygiene und Gesundheit 165
Dolmetsch
Einladung zum Sprechenlernen 180
Höflichkeit, Sitte, Ehre 198
Schluß
Restesammlung 210

istanbul

von istanbul bis istanbul
ist weit
ist weit geworden
mein weg wohin nach istanbul
ist schmal ist breit wie instanbul
und bosporos fließt in mir
in meinen adern nur blut
salzig und ohne ein blau wie das meer
die windmühlen drehen sich nicht mehr
in istanbul ist
windstille
in mir ist weit geworden
istanbul
wie sonnenblumenfelder
sich der sonne zuwenden
drehe ich mich im kreise
                und suche istanbul
                      Zehra Çırak

Einleitung
Der sobjektive Blick

Bei einer Blitzumfrage des »Y.(Yurtdaş)-Institutes« bekannten 99 Prozent aller Deutschen, die sich als gebildet bezeichnen würden, vor einer Urlaubsreise ein Buch über ihr Reiseziel gelesen zu haben, während die verbleibende Minderheit die Bildungslücke nach der Rückkehr zu schließen angab. Das glauben Sie nicht? Sie beweisen es ja gerade.

Von der *Gebrauchsanweisung* erwarten Sie sich unterhaltsame Informationen. Daß diese hier teilweise recht persönlich ausfallen, ist kein Wunder. In einer fünfundzwanzigjährigen Ehe mit der Türkei, will sagen einem Türken, sammelt sich so einiges an Erlebnissen, Erfahrungen, Geschichtchen. Ein Ausgleich mag sein, daß alles, was mir vor die Brille kommt über dieses Land, seien es Romane, Zeitungen, Statistiken, Kunstführer, Lexika, Broschüren, Fachbücher... gesichtet, verschlungen, verarbeitet wird. Daneben bieten türkische Filme aller Ebenen, genauso wie das Fernsehen, ständig neuen »Stoff«. Und nicht zu vergessen die Gespräche mit Nachbarn und Freunden, Journalisten, Studenten, Urlaubern, Taxifahrern, Frauen im *hamam* und Männern im Basar. Mann und Kindern, die mich schließlich dem türkischen Volk verwandt gemacht haben, verdanke ich ein Gutteil an Zugang und Verständnis. Daß mich die Leute im Land nicht mit *madame*, der traditionellen Anrede für die Ausländerin, anreden, sondern mit *abla* (große Schwester) und *yenge* (Schwägerin), zeigt mir, daß ich nicht mehr fremd bin.

Manchmal verursacht mir gerade dieser Umstand Skrupel, da der Insider bekanntlich kaum in der Lage ist, die eigene Kultur zu beurteilen. Aber die Gefahr ist nicht so groß; denn ebenso vielfältig wie banal sind die Anlässe, welche die Welten aufeinanderprallen lassen. Bei der jüngsten Waschmaschinengeschichte zum Beispiel. Als mir der *servis* glücklich den verschmorten Pumpenmotor ausgewechselt, dafür aber, aus Versehen, die Tür der Waschmaschine ausgerenkt hatte und ich wiederum wochenlang auf ein kleines Ersatzteil aus Istanbul warten mußte, da habe ich mich nicht türkisch mit *boş ver!* (mach dir nichts draus, nimm's nicht so tragisch) dreingefügt, sondern gut deutsch meinem Herzen Luft gemacht und sehr viel Prinzipielles von mir gegeben, was die *servis*-Männer höflich lächelnd und gelassen zur Kenntnis nahmen.

Die Dinge ins rechte Licht rücken auch unsere Besucher aus Europa, Türkeineulinge, die, indem sie anstoßen, mich wieder so richtig hinstoßen auf das Besondere. Wenn ich eine deutsche Freundin vom Flughafen abhole, dann springt mir in die Augen, was mir sonst nicht mehr auffällt: wie staubig, vertrocknet, »schmutzig« im Sommer hier in Izmir alles ist (wer in Istanbul oder Ankara landet, erlebt denselben Schock auf der Fahrt vom hochmodernen Airport in die Stadt), wie erbarmungslos neue Straßen bisher unberührte Natur raumgreifend unter ihrem Asphalt ersticken, wie heruntergekommen die Wohnsiedlungen im Vorstadtbereich sind und wie nüchtern, ja trostlos die Neubaublocks. Meine Freundin bedauert die »armen Kinder«, während ich einen Zwölfjährigen, der mit Schuheputzen zum Lebensunterhalt seiner Familie beiträgt, nicht »arm« finden kann. Ob ich denn gefühllos sei, abgestumpft? Vielleicht. Wie die Einheimischen halt. Kennen wir doch Hintergründe, Zusammenhänge. Diese mußte sich selbst mein türkischer Ehemann nach langen Jahren in Deutschland erst wieder erarbeiten – in einen vorwiegend schmerzlichen Lernprozeß.

Wenn sogar dem türkischen Rückkehrer die Heimat fremd, widersprüchlich erscheint, er sich erst langsam wieder eingewöhnen muß, warum, zum Teufel, sollte es eigentlich ein Deutscher in der Türkei leicht haben? Sicher, man kann hier den Urlaub verbringen, ohne mit Land und Leuten in Berührung zu kommen – die Pauschalbuchung und strikte Selbstbeschränkung aufs Touristengetto machen es möglich. Für solche Urlauber wären »Gebrauchsanweisungen« eher eine unnötige Belastung. Aber Sie zählen nicht zu dieser Gruppe. Sie meinen nicht, die Türken zu kennen, weil Ihre Putzfrau zufällig aus Hakkari oder Erzincan stammt. Sie wollen wissen, wie die Menschen zwischen Bosporus und Ararat leben, lieben, heiraten, einkaufen, kochen, mit dem Geld auskommen, Auto fahren, sich begrüßen, streiten, baden... Apropos türkisches Bad: Da fällt mir schwer auf die Seele, daß ich als Frau keine Ahnung habe, wie es im Männer-*hamam* zugeht oder im Teehaus, im Bordell. Genauso fehlt mir die Erfahrung im Rauchen einer Wasserpfeife. In allen diesen Fällen muß ich mich auf meinen ehelichen Gewährsmann berufen.

Dafür sind die Meldungen von der »Frauenseite«, auf

der sich in der Türkei viel ereignet, authentisch. Neueren Datums ist die erfreuliche Meldung, daß in Zukunft auch Frauen Landrat *(kaymakam)* und Regierungspräsident *(vali)* werden dürfen, was ein Verwaltungsgerichtsbeschluß 1985 noch verboten hatte – im Widerspruch zur Verfassung, die Gleichberechtigung der Geschlechter proklamiert.

In die vorliegende dritte Auflage sind die Entwicklungen der letzten Jahre nach Möglichkeit eingearbeitet worden. Hoffen wir, daß sich nicht gleich wieder allzuviel ändert im Lande des sich überstürzenden Wandels. Wenn ein Türkeibuch, das vor 14 Jahren erschien, nämlich das Tagebuch über den Beginn unseres Lebens hier *Wo mein Mann zuhause ist...*, heute als Klassiker gilt, prosaisch gesagt überholt ist, so hat das natürlich auch sein Gutes: Es müssen wieder neue Bücher geschrieben werden, was hoffentlich die Leser genauso freut wie die Autorin.

München und Izmir, im Januar 1997
Barbara Yurtdaş

Orientalische Märchen

Wollen Sie wissen, welches Buch ich auf meiner ersten Türkeireise im Gepäck hatte, damals vor 25 Jahren, jung verliebt wie ich war? Vielleicht lachen Sie mich aus. Es war ein Märchenbuch, die Märchen alttürkischer Nomaden, wie sie Elsa Sophia von Kamphoevener *An den Nachtfeuern der Karawan-Serail* erlauscht und schließlich aufgeschrieben hatte. Hoffnungslos romantisch meine Überzeugung, den Ehemann und seine Heimat besser verstehen zu können, dank der Vertrautheit mit diesen zarten Liebesgeschichten vom Schönen Fischer, vom Gemahl der Nacht, von der Grauen-Taube – die er übrigens weder kannte noch vorgelesen bekommen wollte.

Dabei hätte das Märchen vom armen Mattenflechter, der auf seine weiße Perlenkarawane wartet und wartet, bis sie, o Wunder, eines Tages wirklich kommt, recht gut gepaßt; dieses Abwarten und Träumen, aus dem große Dinge entstehen mögen – wenn Allah es will. Wir Deutschen sehen darin ja gerne einen typischen Zug orientalischer Mentalität. Und ich selbst, die ich eher dazu neige, das Leben mit Fleiß und Tüchtigkeit anzugehen, bin in meiner neuen Heimat oft an die Grenzen des gegenseitigen Verständnisses gestoßen. Jedoch ist nicht jeder Orientale ein weicher Träumer. Es gibt auch pfiffige Aktivisten, wie Ali den Meisterdieb, der sogar den erstarrten Staatsapparat ins Wanken bringt – durch Lachen –, weil er sich getraut, den Padischah als den größten aller Diebe zu bezeichnen; ein Märchen mit satirischen Zügen und einem damals wie heute aktuellen Bezug.

Leider sind in der Türkei mit der Tradition des mündlichen Erzählens auch die meisten Märchen untergegangen. Ich habe viele Leute nach dem Schönen Fischer, nach dem Mattenflechter oder der Grauen Taube gefragt und enttäuscht festgestellt, daß die Märchen in ihrem Heimatland nicht mehr lebendig sind. Einzig von Ali dem Meisterdieb steht im Schulbuch eine Variante. Die Sammlung der Kamphoevener hatte nie die Chance, populär zu werden, wie etwa in Deutschland jene der Gebrüder Grimm – zumal da offensichtlich kein Interesse bestand, diese nur in deutscher Sprache erschienenen Märchen für Erwachsene ins Türkische zurückzuübersetzen. In einem Volk, das den Untergang des dekadenten Osmanischen Reiches (in dessen sozialer Struktur die Märchen angesiedelt waren) als den Beginn der nationalen Befreiung erlebt hat und das seitdem – so viel ist nachzuholen! – vom technischen Fortschritt fasziniert ist, werden die Schätze der Vergangenheit weithin als hinderlich betrachtet. Ähnlich wie die Hausfrau ihr altes Kupfergeschirr wegwirft zugunsten von Aluminiumtöpfen und Plastikschüsseln oder ein handgewebter Kelim, wenn er zerschlissen ist, durch ein Stück Auslegeware ersetzt wird. Der Tourist, der für teures Geld diese ausrangierten Dinge erwirbt, wird von den Einheimischen belächelt.

Zwar bemüht sich der Staat mit Hilfe der Schulen und

Universitäten, die alte Volkskultur noch notzubeatmen, aber ob's hilft?

Gesetzt also, die Märchensammlung der Nomaden erschiene als Buch in türkischer Sprache, so wäre das wahrscheinlich verlorene Mühe. Denn der Türke ist, abgesehen von einer kleinen Gruppe im Bereich der Gymnasiasten und Akademiker, kein Buchleser. Nicht daß hier alle Leute Analphabeten wären; die Männer zumindest holen beim Militär eine etwa versäumte Grundschule nach. Türken lesen Zeitung – das eher schon exzessiv, selbst auf dem Land –, aber kein Buch. Nicht einmal die Mittelschicht kennt eine Lesetradition. Genaugenommen müßten Märchen ja erzählt werden. Aber wann? Die Abende werden inzwischen auch im hintersten Dorf vom Fernsehen beherrscht.

Wenn meine erste Reise damals weniger märchenhaft verlief, hatte das allerdings andere Gründe. Vielleicht hätte ich voraussehen müssen, daß mein Mann, der schon gut zehn Jahre in Deutschland gelebt hatte, sein Land gar nicht mehr richtig kannte oder aus Heimweh idealisierte. Sonst hätte ich sicher besser vorgesorgt, hätte zumindest Mittel gegen Durchfall und Insektenstiche, eine Taschenlampe und lange, weite Baumwollkleider mitgenommen, statt Nagellack, Jeans und deutscher Märchenbücher. Damals bin ich so nachhaltig mit der türkischen Alltagswirklichkeit konfrontiert worden, daß ich für Jahre keine Lust verspürte, den Urlaub in der Heimat meines Mannes zu verbringen. Das klingt abschreckend?

Nun, inzwischen hat die Türkei Riesenschritte in Richtung Modernisierung, Technisierung getan. Wofür ich – nur scheinbar im Widerspruch zum oben Gesagten

– herzlich dankbar bin. Der Bau vieler moderner Kraftwerke verweist die früher täglichen Stromsperren ebenso in den Bereich der Märchen wie das Abendessen bei Kerzenschein oder die Anekdote vom Kuchen, der im Backofen zusammenfiel, weil die Elektrizität plötzlich ausblieb. In der Erinnerung verklärt sich manches, sogar die Hotelnacht in Ankara mit dem Geliebten im schmalen Einzelbett, das uns, eng umschlungen und schwitzend, in seine Kuhle zwang. Weniger romantisch, daß im Bad kein Wasser lief, dafür große braune Käfer aus den Ritzen huschten.

Am liebsten hören meine Buben die Story, wie wir mit dem dorfeigenen Kleinbus zu den Höhlen in Kappadokien gefahren sind; auf einer Strecke von etwa 80 Kilometern zwischen Niğde und Göreme, damals überwiegend unasphaltierte Staubpiste, unterbrochen von sage und schreibe zwölf Pannen. Die Familien aus dem Heimatdorf meines Mannes genossen diesen Tagesausflug trotzdem mit einer für mich unfaßbaren Gelassenheit, nutzten die Pausen, die durch Reparaturen und Reifenwechsel entstanden, zum Picknicken, Ballspielen oder Gesang mit *saz*-Begleitung. *Boş ver!* Ist ja egal, irgendwie kommt man schon an, schienen sie zu denken. Meine europäische Fixierung auf Effektivität und Pünktlichkeit verdarb bloß mir und meinem Mann die Laune, zumal sie mich unfähig machte, das Gegebene hinzunehmen, ihm womöglich etwas abzugewinnen.

Ach nein, ganz so schrecklich war diese erste Reise nicht. Wichtiger als alle Ferienerlebnisse war, daß meine Schwiegereltern mich akzeptierten, mehr noch, daß sie mich, die Ausländerin, die ihre Sprache nicht verstand und die, in ihren Augen, ein bißchen unschicklich gekleidet war, so herzlich und vorurteilsfrei aufnahmen, wie das nur großherzige Menschen können. Ich habe damals im Heimatdorf meines Mannes eine Reihe Filme verknipst: die beiden Alten neben dem blühenden Oleander vor der weißgekalkten Hauswand, handgeschnitzte Fensterrahmen und Eichentüren, eine geschwungene hohe Kupferkanne und einen Steintrog zum Stampfen von *bulgur* (Weizengrütze), einen riesigen Lehmbackofen und die geduldigen Lasteselchen, die auf gebirgigen Pfaden nützlicher und vor allem wirtschaftlicher sind als ein Jeep. Fasziniert haben mich auch die dicken, mannshohen Mauern aus Feldsteinen zwischen den Gärten und das in der Sonne zum Trocknen ausgebreitete Obst, die kleine Moschee mit dem schiefen Minarett, eine Braut in ihrem Hochzeitsschmuck und die mit Henna eingefärbten Opferschafe.

Ein Album voller märchenhafter Bilder ist erhalten von dieser unserer langen ersten Reise durchs Land: endlose Sonnenblumenfelder in Thrakien und die Storchennester auf den Schornsteinen; der Feigenbaum, von dem mir mein Mann die süßen Früchte herunterwarf, während neugierige Ziegen uns umringten, das Topkapı-Sarayı, der alte Sultanspalast in Istanbul, den zu besichtigen man einen ganzen Tag veranschlagen sollte. Sogar der Harem, der seinerzeit Männern bei Todesstrafe verbotene Bereich der Frauen des Herrschers, ist inzwischen renoviert und geöffnet. »Riesig« ist die Sammlung von Schmuck, chinesischem Porzellan, alten Kleidern, Waffen, Handschriften. Vielleicht kennen Sie aus einem der zahlreichen Kriminalfilme, die schon im Sarayı gedreht wurden, jenen traumhaften Smaragdschmuck, den zu rauben wohl jeder gern fantasiert. Und wenn Sie sich an die waghalsige Klettertour der Gangster über die Dächer erinnern, dann haben Sie auch die Architektur wieder präsent: einzelne Pavillons, die sich um Innenhöfe, Gärten gruppieren. Einzig dem Sultan und seinen Auserwählten vorbehalten war der Blick vom *Bağdad Köşkü* auf die Stadt und die Meerenge, die Europa von Asien trennt!

Ja Istanbul! Ich war wie im Rausch und bin es bei jedem Besuch wieder: die Moscheen und Paläste, die Hagia Sophia und das Labyrinth des Großen Basars, die hübschen Sommerschlößchen am Bosporus mit ihren gepflegten Parks. Aber auch das Menschengewühl in den Straßen und engen Gassen der Großstadt, der Verkehrslärm und die Luftverschmutzung, die anstrengenden Fahrten, eingezwängt im städtischen Bus (ein Taxi zu nehmen ist hier wirklich ratsamer). Nach ein paar Tagen fiel mir Istanbul auf die Nerven, ich hatte Kopfweh und war froh, daß mein Mann eine einsame Badebucht an der Ägäisküste vorschlug, wo wir ausgiebig in der Sonne faulenzen wollten.

Schließlich die Bilder von Ephesos, wo wir einen großen Streit hatten – nicht den ersten und gewiß nicht den letzten – um »Steine«, wie mein Mann diese faszinierenden Zeugen der Vergangenheit abschätzig nannte. Ephesos war für mich die Erfüllung eines Herzenswunsches, und für ihn ein verlorener Tag. Heute weiß ich, daß die meisten Türken überhaupt kein Verhältnis zur Geschichte haben, wenn es nicht gerade um die nationale Geschichte dieses Jahrhunderts geht. Gleichwohl haben sie erfaßt, daß sich mit der Ruinenbegeisterung der meisten Ausländer lukrative Geschäfte machen lassen. Einen gewissen Wandel im öffentlichen Bewußtsein zeigt die seit Jahren andauernde Kampagne zur Rückgabe des Zeus-Altars von Pergamon, der in Berlin steht. Diesen hatte der deutsche Ingenieur Carl Humann Ende des 19. Jahrhunderts vor einheimischen Steinmetzen und Kalkbrennern gerettet. Die Osmanen ließen sich Grabungslizenzen und Genehmigungen für die Ausfuhr der »heidnischen« Steine gerne bezahlen. In der modernen Türkei dagegen wird das anatolische Erbe vom Staat und von der heimischen Archäologie gepflegt und eifersüchtig gehütet. Wer auch nur den kleinsten Grabungsfund außer Landes bringt, macht sich strafbar.

Wie gesagt, die Bilder leuchten. Vielleicht sind Türkeifahrer ja süchtig nach solchen Verdichtungen des scheinbar glücklichen Augenblicks. Es gibt eine Anzahl aufwendiger Hochglanz-Fotobände, die genau dieser Sehnsucht nach einer heilen, von Technik, Hetze und Konsum noch nicht angekränkelten Welt entgegenkommen. Die *ganze* Wirklichkeit sieht etwas anders aus. Lassen wir mal beiseite, daß selbst das Dorfleben alles andere als romantisch, sondern wie überall auf der Welt geprägt ist von harter Arbeit, Unbequemlichkeit, strenger sozialer Kontrolle und – Langeweile (nicht umsonst erlebt die Türkei eine nicht zu bremsende Landflucht). In der »modernen« Türkei fällt es inzwischen schwer, ein Foto zu schießen, auf dem, überspitzt gesagt, mal ein Olivenhain frei von Fortschrittsattributen wie Überlandleitungen zu sehen ist oder ein Hafen ohne Motorjacht, ein Badestrand ohne Abfallhaufen, die Silhouette einer Moschee ohne das – schon obligate – Skelett eines Hauses mit unverputzten Mauern und in den Himmel stechenden Betonstümpfen daneben. Der Fotograf muß ein Meister im Weglassen sein und viel Geduld haben, so wie einer meiner Bekannten. Sein Rezept für solche »Märchenbücher«: Man nehme einen Schuß unberührter Natur (blaue Buchten, Zypressen, beschneite Berggipfel, weidende Schafe), eine Handvoll steinerner Zeugen jahrtausendealter Kultur (antike Säulen und Statuen, einen Aquädukt, verfallene Ritterburgen, Klöster) – und zu guter Letzt eine kräftige Prise orientalischen Alltagslebens: bärtige Männer mit Wasserpfeife unter Weinlaubdach, Schuhputzerbuben und Sesamkringelverkäufer, verschleierte Frauen und Basargewühl.

Auf meinen Einwand, daß die Türkei solchermaßen sehr einseitig dargestellt sei, antwortete er etwas verlegen: realistische Bilder verkauften sich schlecht; die Türkei sei für die Deutschen eben ein Traum, Tausendundeine Nacht. Dieser Wunschvorstellung komme er entgegen. Was daran denn schlimm sei?

Hoşgeldiniz!
Von Gastfreundschaft und Tourismus

Gerade sind die Besucher nach vier Wochen Türkei, Standquartier in unserem Izmirer Heim, wieder Richtung Deutschland gestartet. »Ach, war das eine schöne Zeit!« haben wir uns gegenseitig versichert bei der Umarmung zum Abschied. Ich stehe am Gartentor und winke dem Auto nach, als mein Mann trocken bemerkt: »Türkische Gäste wären nicht so zufrieden gewesen.« Nein, das war keineswegs eine Kritik an meinem Verhalten als Gastgeberin. Die deutschen Freunde sind doch vollauf begeistert gewesen: vom Wetter, vom Baden im Meer, von den Ausflügen zu den antiken Ruinenstätten und in den Basar. Die meisten Touren haben wir gemeinsam unternommen, weil ich mit dem seltenen Besuch gerne zusammensein wollte; am Abend habe ich dann etwas Einfaches gekocht. »Das hätten türkische Gäste als Beleidigung empfunden«, sagt mein Mann. Richtig. Türkische Gastfreundschaft verlangt, daß die Hausfrau den ganzen Tag in der Küche steht und daß sich beim Abendessen der Tisch biegt, wobei drei Gänge noch zuwenig sind.

Da man Gäste sich nicht selbst überläßt, begleiten sie der Hausherr oder seine Söhne auf ihren Wegen. Als einer meiner Schwager uns seinerzeit in Deutschland besuchte, war er erstaunt und beleidigt, daß sein Bruder keinen Urlaub nahm. Türkisches Familienleben steht kopf, sobald Besuch da ist. Auch wer gewöhnt ist, abends früh schlafen zu gehen, weil er morgens bei Sonnenaufgang aus den Federn muß, beugt sich der Höflichkeit, die erfordert, bis Mitternacht sitzen zu bleiben und, oft bei laufendem Fernseher, Konversation zu machen. Strapaziös wird es vor allem, wenn der Besuch Kinder mitbringt. Sie haben das Recht, einfach alles zu tun, was ihnen gerade einfällt: die noch ungelesene Zeitung zerreißen, in Schulheften herummalen, Wasser auf den Teppich gießen, Spielsachen mitgehen lassen, Musikinstrumente kaputtmachen... Die Gastgeberin muß es lächelnd hinnehmen, denn der Gast ist König. Was immer er tut, ist richtig; was immer er wünscht, wird erfüllt.

Mein Schwiegervater bat mich voriges Jahr, seinen Wintermantel per Hand im Waschzuber zu waschen, obwohl – wie ich einwandte – es heutzutage in der Türkei chemische Reinigungen gibt. Aber nein, er war es so gewöhnt, und man widerspricht keinem alten Mann, der noch dazu als Gast im Hause weilt. Will weiblicher Besuch ein Bad nehmen (bei männlichem werden weniger Umstände gemacht), dann müssen viele Kessel voll Wasser erhitzt werden, und die gute Gastgeberin bietet sich an, Haare und Rücken zu waschen; sie rubbelt und massiert, bringt frische Wäsche, kocht Tee oder Suppe zur Entspannung nach dem Bad.

Noch nicht vertraut mit den Gebräuchen türkischer Gastfreundschaft, äußerte ich beim ersten Besuch bei einem Bruder meines Mannes unbefangen Wünsche, etwa: nach Bursa zu fahren, das einstmals, noch vor der Eroberung Konstantinopels durch die Osmanen, als Residenzstadt gedient hatte und herrliche alte Bauwerke, zumeist Moscheen besitzt. Natürlich wurde die Fahrt mir zuliebe mit einem Mordsaufwand organisiert. Unvorsichtigerweise bewunderte ich das Muster der Armreifen meiner Schwägerin: sie streifte sofort einen Goldreif ab und nötigte mich, ihn zu nehmen. Damals interpretierte ich die Großzügigkeit der Schwägerin als überschäumende Gastfreundschaft. Doch diese ist nicht ganz so selbstlos, wie sie anmutet. Wenn der Türke Gegenstände, die ein anderer sehr lobt oder bewundert, dem Betreffenden (nicht bloß einem Gast) schenkt, erwartet er irgendwann einmal eine entsprechende Gegenleistung.

Man ruiniert sich für den Gast, das verlangt die Ehre des Hauses. Teures Fleisch zum Beispiel wird kiloweise gekauft fürs abendliche Menü, auch wenn die Familie sich bis zum Monatsersten nicht mehr satt essen kann. Bei Ausflügen oder im Restaurant übernimmt der jeweilige Gastgeber stets die Rechnung. Ein Aufteilen der Kosten käme auf keinen Fall in Frage. Zum Ausgleich darf der Eingeladene beim nächsten Mal möglichst spendabel den Gastgeber spielen. Geschäftsfreunde werden, wie in Deutschland, zunächst einmal ins Restaurant eingeladen. Erhält man eine Essenseinladung in die Familie, so sind Blumen oder Süßigkeiten für die Hausfrau angebracht. Dabei ist die äußere Aufmachung, die die Herkunft aus einem teuren Geschäft erkennen läßt, wichtiger als der materielle Wert des Geschenks. Übrigens: Ein Flirt mit der Frau des Gastgebers kann lebensgefährlich werden, mit der Tochter des Hauses ist er nur bei Heiratsabsichten ratsam. Mehr dazu jedoch im Kapitel »Ehre«.

Zu meiner Schande muß ich gestehen, ich fühle mich

als Gast in einer türkischen Familie nicht uneingeschränkt wohl. Die allgegenwärtige Gefälligkeit hat auch ihre Schattenseiten. Einmal hat mir die ungebetene Mitwirkung meines Schwagers einen der seltenen Einkaufsbummel im Basar von Istanbul vermasselt. Am Ende hatte ich einen Teppich, der mir nicht wirklich gefiel, durch Vermittlung des Schwagers von einem Geschäftsfreund fast geschenkt erworben. Während für die lederne Hose, die ich eigentlich haben wollte, vor lauter Herumsitzen und Mokkatrinken bei anderen Geschäftsfreunden keine Zeit mehr war. Vielleicht hätte ich deutlicher äußern sollen, daß ich alleine etwas zu erledigen vorhätte und keine Begleitung wünschte. Das wäre meinem Schwager sicher verdächtig vorgekommen.

Seitdem übernachte ich in Istanbul – wohin der Provinzler (oder die Provinzlerin, weil ich ja von mir spreche) nicht bloß zum Einkaufen fährt, sondern vor allem, um Kultur zu tanken, etwa bei den Internationalen Filmfestspielen, in Konzert und Theater; oder ganz einfach, um »Leute« zu treffen, denn nur hier gibt es so etwas wie eine intellektuelle *scene* – lieber bei meiner Freundin Tülay. Sie ist berufstätig und hat einfach keine Zeit für eine umfassende Betreuung. Aber es liegt wohl auch an ihrem Gespür für das, was ich mag. Obwohl sie als Türkin selbstverständlich die Kinokarten und das gemeinsame Restaurantessen bezahlt – davon läßt sie sich nicht abbringen: ich revanchiere mich dafür, wenn sie in Izmir ist. Bei ihr darf ich kommen und gehen (sie gibt mir einen Schlüssel), früh schlafen, lesen und ohne Voranmeldung duschen, lauter herrliche Freiheiten, die ich bei meinen Verwandten nicht genieße.

Das mag ungerecht klingen, undankbar, geradezu

scheußlich egoistisch. Versuche ich doch, die angenehmen Seiten zweier unterschiedlicher Lebensstile für mich zu beanspruchen: einerseits die Selbständigkeit, die ich als Europäerin gewöhnt bin, und andererseits die Nähe und Wärme türkischer Gastfreundschaft. Wie viele Male habe ich bei den Nachbarinnen die Frauennachmittage genossen, die Bewirtung mit Tee und Küchlein, das Tanzen, Lachen, Handarbeiten. Wann immer ich bei einer Nachbarin anklopfe, sie sagt lächelnd *hoşgeldiniz*, was viel mehr ausdrückt, als die wörtliche Übersetzung »willkommen«, denn in dem Wörtchen *hoş* sind Bedeutungen wie »lieb, angenehm, zufrieden, erfreulich, gemütlich, bequem« enthalten. Sagt jemand *hoşgeldiniz*, dann meint er: »Ihr Kommen ist uns lieb, angenehm... und so weiter.« Die Antwort lautet *hoşbulduk*: »Ich habe es hier angenehm, gemütlich vorgefunden.« Wenn ich vielleicht manchmal gestört habe, den Leuten auf die Nerven gegangen bin, so haben sie es mich nie merken lassen, sondern mich behandelt, als wäre mein Besuch eine große Freude und Ehre für sie.

Ich denke an Hatice, die mir aus ihrer Aussteuerkiste ein perlenumhäkeltes Kopftuch schenkte, als ich sie zum erstenmal in ihrer *gecekondu*-Hütte in der Stadtrandsiedlung der Armen besuchte, und an die Zigeunerfrau in Keşan, die mich und meine Kinder mit Tee bewirtete, als wir uns verlaufen hatten und nach dem Weg fragten. Nicht zu vergessen Saffet, die mir schon damals in München einen Begriff von der türkischen Gastfreundschaft gab. Ich durfte nicht fort, ehe sie nicht *sulu köfte* (eine Fleischklößchensuppe) gekocht hatte. Und das, obwohl in der winzigen Küche zwei Kleinkinder herumquäkten und Saffets Mann, müde von der Nachtschicht, auf dem Sofa lag. Mehrmals ist es vorgekommen, daß meine hiesigen Nachbarinnen, wenn ich von auswärts unverhofft Besuch bekam, mir beim Kochen geholfen haben. Es scheint, als seien meine Gäste zugleich die Gäste der Nachbarn. Auf dem Dorf ist es üblich, daß sich in einem Haus, wo ein seltener Besuch gekommen ist, am Abend alle Nachbarn zu einer großen Gesprächsrunde versammeln. Das Interesse am Besucher ehrt diesen und seinen Gastgeber. Den eigentümlichsten Beweis von Gastfreundschaft habe ich einmal in Istanbul erlebt, wo ich unverhofft das Beylerbeyi-Sarayı besichtigen »mußte«, das Sommerschloß der Sultane, weil eine Bekannte, die ich besuchte, mir Eintrittskarte und das Taxi dorthin buchstäblich aufdrängte, sozusagen als Entschuldigung dafür, daß sie, nach einem herrlichen gemeinsamen Mittagessen, aus beruflichen Gründen keine Zeit mehr für mich hatte.

Nein, die türkische Gastfreundschaft ist etwas Großartiges! Sie erstreckt sich nicht allein auf Verwandte, Freunde und Stammesgenossen, sondern wird jedem Fremden zuteil. »Gottes Gäste« wurden solche Reisenden früher in Anatolien genannt. Gastfreundschaft bedeutete in einer Zeit, als es auf dem Land keine Hotels gab, keine guten Straßen und keine Autos, mit denen man rasch die nächste Stadt hätte erreichen können, oft Lebensrettung. In seinen *Briefen über Zustände und Gegebenheiten in der Türkei* (1835–39) beschreibt Helmuth von Moltke, wie er, nicht nur einmal, durchnäßt und erschöpft, mit lahmendem Pferd – Diener und Gepäck waren verloren – schließlich ein Dorf erreichte. Hätte da nicht jemand den *gavur* (Ungläubigen) als »Gottes Gast«

aufgenommen, ihn mit *hoşgeldiniz!* begrüßt, ihm ein Kaminfeuer angezündet, ein Lamm gebraten, neue Kleidung geschenkt, auf jeden Fall wäre dieser erste deutsche Militärberater des Sultans schon viel früher schwer erkrankt als schließlich auf seiner Heimreise in Budapest, wo er zusammenbrach.

Mit *hoşgeldiniz* wird auch der Tourist vom türkischen Staat offiziell empfangen. In einer Broschüre des Ministeriums für Kultur und Tourismus, die, originell als Reisepaß aufgemacht, dem Ausländer etwa im Verkehrsbüro überreicht wird, heißt es: »Our traditions lead us to welcome You not as a foreigner but as a guest in our country... Das herzliche Empfangsvorwort verspricht, die Bevölkerung werde überall, ob am Schwarzen Meer, an der Ägäisküste oder in Ostanatolien, dem Fremden mit einem Lächeln die Tür des Hauses öffnen, ihm zuliebe Feiertagskleider anlegen und ihm ein Festmahl auftischen.

Mir ist nicht ganz wohl bei dem Gedanken, daß die sprichwörtliche türkische Herzlichkeit und Offenheit Fremden gegenüber wie ein Markenartikel angepriesen wird; daß eine Tradition, die zum Überleben notwendig war und prinzipiell auf Gegenseitigkeit beruht, hier sozusagen als Serviceleistung feilgeboten wird. Mit meinen Bedenken komme ich allerdings zu spät; das Geschäft mit der Gastfreundschaft läuft bereits auf vollen Touren. Und die Türken wissen selbst, wie sich prächtig Kapital schlagen läßt aus der Sehnsucht der »Nordländer« nach Wärme und Herzlichkeit. Nicht nur seine blauen Badebuchten und seine vielen historischen Stätten haben in den letzten Jahren dem Reiseland Türkei die größten Zuwachsraten beschert. Man hält sich etwas darauf zugute, daß in diesem »Paradies der Welt« (laut Touristenpaß) die Menschen zugewandter seien als in anderen vom Tourismus schon abgestumpften Reiseländern.

Nachdem der Heuschreckenschwarm der Touristen andere Mittelmeerparadiese abgegrast und als Wüste zurückgelassen hat, fällt er nun über die türkische West- und Südküste her, wo die Sonne von April bis Oktober zuverlässig scheint, wo das Meer weithin noch blau ist und die Strände relativ sauber sind. Relativ billig ist es dort außerdem. Galt in den siebziger Jahren die Türkei als absoluter Geheimtip für Individualisten, meldeten ab Mitte der achtziger Jahre deutsche Reiseveranstalter Rekordzuwächse im Türkeigeschäft. Im Boomjahr 1992 stellten die Deutschen mit rund einer Million Urlaubern noch das größte Kontingent.

In der Folgezeit schreckten Presseberichte über Menschenrechtsverletzungen und wachsenden Fundamentalismus in der Türkei, vor allem aber über die Militäraktionen gegen die Kurden und – im Gegenzug – die Drohung der PKK mit Terrorakten gegen Tourismuszentren manche »deutschen Freunde« ab. Andere Urlaubernationen reagieren weniger sensibel. Die Gäste aus der ehemaligen Sowjetunion machen den Deutschen inzwischen den Rang streitig. Diese »Russen« empfinden, ebenso wie die Israelis, die Türkei im Vergleich zu ihrer Heimat als »friedlich«, während arabische Touristen die Freizügigkeit im Alkoholausschank, im Nachtleben und der Kleidervorschriften genießen. Auf die kulturbeflissenen Japaner trifft man vor allem an den Orten, an denen sich die Touristen sowieso schon auf die Füße treten, nämlich in Ephesos, Pergamon, Aphrodisias etwa, wo

Überreste griechisch-römischer Kultur zu besichtigen sind, oder in Kappadokien mit seinen Höhlenkirchen, in Konyas seldschukischen Bauwerken und am Mevlanagrab sowie in Istanbul. Neben dem Bade-, Sonnen- und Faulenzerprogramm wird ein Bildungsprogramm durch die alte Hauptstadt und das im Sommer staubige, heiße Landesinnere angeboten, wo man nirgends länger verweilt, als nötig ist, um die Sehenswürdigkeiten mit der Beschreibung im Reiseführer zu vergleichen und für das Heimkino festzuhalten.

Es ist wohl unvermeidlich, daß der Tourismusbetrieb die Landschaft und die Menschen in den davon betroffenen Regionen verändert. Nicht nur, daß bald der gesamte Küstenstreifen zwischen Çanakkale und Anamur mit Feriensiedlungen und Hotelanlagen zugepflastert ist – hoffentlich keine gigantische Fehlspekulation –, die Arbeits- und Verdienstaussichten in diesem Dienstleistungsbereich zeitigen auch starke Auswirkungen auf die Binnenwanderung. Allein die Stadt Antalya erlebte in den letzten zehn Jahren einen Bevölkerungszuwachs von 300 000 auf 1,5 Millionen Einwohner, der sich in einer erschreckenden Betonwüste von Neubauten manifestiert.

Wie viele Arbeitsplätze in den touristischen Ballungszentren entstanden sind und noch entstehen werden, läßt sich statistisch nicht sicher erfassen, denn die meisten der ungelernten Kräfte aus den Dörfern arbeiten oft nur saisonal ohne Vertrag und ohne Versicherungsschutz, das heißt »schwarz«. Seit Jahren sucht die Hotellerie händeringend geschultes Personal, doch in der Not greift sie auf Bauernburschen als Aushilfen zurück, die nichts mehr erträumen, als Kellner im Restaurant oder Barmixer zu werden – um dort möglicherweise einer Helga oder Barbara zu begegnen, die sie nach Deutschland mitnimmt.

Die Chancen so eines *maganda* oder *kıro*, wie die Städter den »Dorftölpel, der vom Acker in die Stadt herabsteigt«, spöttisch nennen, sind gering, denn er kann keine Sprachen. Dieses Manko vermögen weder seine Klamotten aus der Jeansboutique noch das Goldkettchen am Handgelenk oder die gestylten Haare wettzumachen. Hier kommen Gymnasiasten und Studenten zum Zug, die während der drei Monate langen Sommerferien in den Urlaubsorten jobben.

An sich verletzt es gröblich türkische Sitte, eine Frau in der Öffentlichkeit anzusprechen, ebenso wie es ursprünglich einmal als ungehörig galt, den Käufer zum Kauf zu nötigen oder sich anzubiedern. Heute möchte der Teppich- oder Lederhändler gleichwohl schnell reich werden. Also werden Schlepper auf bummelnde Touristen, vorwiegend weibliche, losgelassen, denen das Geld locker sitzt, »wenn man ein bißchen nett zu ihnen ist«. Die Angesprochenen reagieren trotzdem meist ärgerlich. »Ich fragte mich: Will der Typ nun mit mir schlafen oder mir eine Jacke verkaufen?« brachte es meine Nichte auf den Punkt. In der Liste der Klagen, die weibliche Urlauber über die Türkei äußern, rangiert an erster Stelle die ständige »Anmache«. »Die fressen einen mit Blicken auf. Wir sind dauernd angesprochen worden. Die türkischen Männer haben wohl nur das eine im Kopf«, so zitierte die türkische Frauenzeitschrift *Kadınca* empörte Touristinnen.

Obwohl *Kadınca* und die angesehene Tageszeitung *Cumhuriyet* sich selbstkritisch und mahnend zu dem Problem geäußert haben, ist die türkische Presse im allgemeinen nicht unschuldig am Bild der sonnen- und sexhungrigen Urlauberin aus dem Norden, das in den Köpfen der Einheimischen spukt. Mit Fotos von Karin, Elke, Helga, die sich »oben ohne« in der Sonne räkeln oder gleich Nixen aus blauen Wellen auftauchen, werden die Leser ganze Sommer lang unterhalten.

Und dann begegnen einem diese Wesen sogar leibhaftig auf der Straße! Versuchen Sie sich in den türkischen Mann hineinzuversetzen, dem die lockendsten Signale zugehen, die er als Einladung geradezu (miß)verstehen muß: lange, nackte Beine und offenes, blondes Haar, lautes Reden und Lachen vor allen Leuten, Kaugummikauen mit offenem Mund und ungenierte Bewegungen. Wenn eine Frau noch dazu allein oder mit einer Freundin reist oder wenn der männliche Partner kein beschützendes, eifersüchtiges Verhalten an den Tag legt, kann das doch nur eine Art von *hoşgeldiniz*, diesmal in umgekehrter Richtung, bedeuten.

Sicherlich ist der Durchschnittstürke überfordert, wenn er unterscheiden soll zwischen weiblichem Sextourismus (einem nicht wegzuleugnenden Faktum) und der größeren Gruppe ausländischer Urlauberinnen, die aus purer Unkenntnis mit Aussehen und Benehmen gegen die türkischen Sitten verstoßen. Das islamische Gebot, daß die Frau ihre Reize bedecken und sich in der Öffentlichkeit unauffällig geben soll, prägt nach wie vor das Verhalten der Türkin. Selbst wenn allmählich das Kopftuch abgelegt wird und kurze Ärmel und Rocksäume nicht mehr generell Anstoß erregen, trauen sich viele Frauen etwa nur in Begleitung ihrer Familie an den Badestrand, denn im Badeanzug fühlen sie sich »nackt«.

Auf diese Vorstellungswelt treffen ahnungslos und unbekümmert die Touristen. Als Gäste dürfen sie alles. Sie sind König. Die Höflichkeit verbietet es, ihnen Vorschriften zu machen. Natürlich ist ein anderer Grund nicht zu unterschätzen: Sie haben Geld, und wer Geld hat, der darf sich neuerdings ebenfalls alles herausnehmen. Etwa wie die einheimischen Reichen mit ihren Jachten und Luxusvillen am Meer, die den Lebensstil des internationalen Jet-sets imitieren. Dennoch beachten selbst die ausgeflipptesten Sprößlinge dieser Industriellen und Exportkaufleute, Schauspieler und Politiker, die schon mal schnell in Mamas Zweitwagen zum Eisessen fahren und dabei den Kassettenrecorder mit Popmusik voll aufdrehen, eine Regel, von der viele Touristen nichts zu halten scheinen: Aufmachung und Lässigkeit, die am Strand, im Feriendorf oder in der Disco »in« sind, gehören sich einfach nicht im »normalen« bürgerlichen Umfeld.

Wenn ich etwa in Izmir Touristengruppen über den Basar bummeln sehe – Männer und Frauen in Shorts und Trägerhemdchen –, dann lese ich gleichzeitig die Gedanken der Türken angesichts von soviel nacktem, rosigem wie gebräuntem Fleisch. Und wenn Paare sich öffentlich umarmen und küssen, höre ich Kommentare, die den ganzen Zwiespalt ausdrücken, in dem sich die Beobachter befinden: »Das geht zu weit, das ist *ayıp*, ungehörig!« – »Es sind Gäste, man muß sie lassen!« – »Eigentlich prima, wie frei die Europäer sind!«

»Kann man als Frau überhaupt allein in der Türkei reisen? Ist das nicht gefährlich?«, bin ich schon öfter gefragt worden. Nun, gefährlich ist es überhaupt nicht, sofern man die Regeln beachtet. Es reisen ja auch Türkinnen allein, ältere Frauen schon immer – das ist das Recht und die Freiheit des Alters –, seit geraumer Zeit aber zunehmend jüngere, emanzipierte Frauen. Von ihnen habe ich mir das Gehabe abgeschaut: »kühl« und selbstbewußt, fast hochmütig – die Kleidung schicklich, Ausschnitt, Oberarme und Knie bedeckend, und nicht zu leger. Diese Zeichen werden verstanden. Ich bin, obwohl weder häßlich noch uralt, bei meinen zahlreichen Fahrten durch dieses Land nie belästigt worden.

Für eine Türkin hat man mich freilich nicht gehalten. Die rasch und scharf beobachtenden Einheimischen erkennen an Kleinigkeiten sofort, daß jemand *Alman* (Deutscher), *turist* oder *yabancı* (Fremder, fremd) ist, was im Grunde stets dazu führt, daß einem geholfen wird. Das Wort *yabancı* löst beim Türken ein Gefühl des Mitleids und der Verantwortung aus. Oft kommt es zum Beispiel vor, daß, wo immer sich Warteschlangen bilden, an den Haltestellen der städtischen Busse, auf dem Postamt, am Imbißbüffet, der als Ausländer erkennbare »Gast« in der Reihe nach vorne geschoben wird. »Laßt ihn / sie nicht warten, er / sie ist *yabancı* hier.«

Dem Fremden zu helfen, verlangt die menschliche und religiöse Pflicht. Ein wahrer Segen ist das! Wenn Sie eine Adresse suchen und diese wegen der verwirrenden oder fehlenden Straßenbeschilderung wohl kaum allein finden werden, brauchen Sie nur irgend jemand zu fragen; der führt sie entweder selbst hin oder beauftragt einen anderen. Nehmen Sie solch ein Anerbieten ruhig an, das ist wesentlich sicherer als jede Wegbeschreibung. Meiner Erfahrung nach können Türken prinzipiell keine Wege beschreiben, und wenn sie es doch tun, muß man davon ausgehen, daß der Betreffende nicht zugeben will oder es für unhöflich hält zuzugeben, daß er selbst nicht Bescheid weiß.

Natürlich kann man sich auf jedem Postamt oder Polizeirevier erkundigen, aber das hat meist weniger Erfolg. Besser ist der *bakkal* (Kaufmann an der Ecke) darüber informiert, wer alles in der Umgebung wohnt; Voraussetzung ist, daß man sich schon in der Umgebung des Gesuchten befindet. Eine gute Auskunft ist auch das nächstgelegene *kahve*, das Männerteehaus, eher Clublokal als Gaststätte. Diese typisch orientalische Institution, die es noch im letzten Dorf gibt, ist nicht nur der Ort für endlose Gespräche mit Freunden bei einem Glas Tee oder für ein entspannendes *tavla*-Spiel (Backgammon), hier werden auch Geschäfte angebahnt, Verkäufe besiegelt, Arbeitskräfte gefunden. Keine Frau würde ein Männercafé betreten, ebenso wie die Wohnungen tagsüber den Frauen und ihren Zusammenkünften vorbehalten sind. Diese Trennung der Sphären garantiert bei der gegebenen Gesellschaftsform beiden Geschlechtern ein Stück Freiheit. Als *yabancı* im Teehaus nach einer Adresse zu fragen, ist jedoch für eine Frau nicht ungehörig.

Einem Fremden den Weg zu weisen ist verdienstvoll, dafür winkt, nach einem Wort des Propheten, Lohn im Jenseits. Kinder freuen sich trotzdem über einen Kaugummi oder ein Geldstück, Erwachsene wären gekränkt, wollte man sie bezahlen. In Gegenden, die von Touristen noch nicht überlaufen sind, bringt ein Reisender von auswärts ja auch etwas Farbe, Leben in den eintönigen Alltag. Wundern Sie sich nicht, wenn Sie gründlich ausgefragt werden nach dem Woher und Wohin, über ihre Beziehung zu den Leuten, die Sie besuchen wollen, Ihre Eheverhältnisse, Kinder, Eltern, Ihren Beruf, die Stadt, in der Sie in Deutschland wohnen. Nicht bloße Neugierde treibt den Fragenden, es gehört zur Höflichkeit, sich für den anderen zu interessieren.

Sobald einem der *yabancı* nicht mehr ganz fremd ist, fühlt man sich noch stärker für ihn verantwortlich. Ich habe, vor allem wenn ich allein gereist bin, immer wieder erlebt, wie meine Banknachbarin im Überlandbus (nie werden in Reisebussen zwei Fremde verschiedenen Geschlechts nebeneinander plaziert) mir innerhalb kurzer Zeit die Seele aus dem Leib fragte und mich dann für die Zeit der Reise quasi adoptierte. Natürlich erwartete sie von mir, daß ich mich genauso verhielt und sie mithin nicht allein war, was etwa in den Pausen an den Raststätten sehr praktisch ist: man holt sich zusammen das Essen am Büfett, geht zusammen zur Toilette, paßt gegenseitig auf Jacken und Taschen auf und daß der Bus nicht etwa schon losfährt, während man auf dem Örtchen ist... So eine Reiseverwandtschaft verpflichtet natürlich zu nichts, aber es kann vorkommen, daß sich daraus eine Freundschaft entwickelt. (Weitere Hinweise zum Reisen im Land bringt das folgende Kapitel.)

Haben Sie Bedenken, wie Sie sich verständigen sollen? Eigentlich gibt es überall Türken, die ein bißchen Deutsch oder Englisch können; in der Mittelschule wird ja auch eine dieser Sprachen gelernt, was allerdings selten dazu führt, daß sich Schüler flüssig unterhalten können. In einem größeren Kreis Menschen findet sich fast immer ein *almanyalı*, ein ehemaliger Gastarbeiter der den Dolmetscher macht. Die Freude und Herzlichkeit, mit der ein Besucher aus Deutschland begrüßt wird, und das stolze: »Ich auch drei Jahre Dortmund« oder: »Sehr gut deutsche Kollegen«, hat mich jedesmal betroffen und nachdenklich gemacht.

Vielleicht stellt man auch Ihnen die Frage, die ich sicher schon hundertmal beantworten mußte: »Wo ist es schöner? In Deutschland oder in der Türkei?« – Eines ist gewiß: Als Fremder wird man in der Türkei sicher mehr umsorgt als der türkische »Gast« in Deutschland. Da nun aber selbst ein *almanyalı* auf Deutschland nichts kommen läßt, rate ich Ihnen, in derartigen Gesprächen Ihr Urlaubsland, die Türkei, kräftig zu loben. Kritik würde den Fragenden um so unglücklicher machen, je weniger er für Ihre eventuell mißlichen Erfahrungen verantwortlich ist.

Die Türken *wollen* in ihrer Heimat gute Gastgeber sein. Sicher sind die Devisen, die der Reisende von auswärts mitbringt, nicht zu verachten, aber wichtiger ist allemal – darin stimmen öffentliche und private Meinung überein – der zufriedene Gast. Ein Slogan, den auch das Fernsehen verbreitet, sagt: *Ülkemizden memnun ayrılan her turist dünyadaki yeni dostumuzdur.* (Jeder Tourist, der zufrieden aus unserem Land scheidet, ist in der Welt ein neuer Freund für uns.) In den letzten Jahren haben der Staat und mit ihm private, darunter ausländische Kapitalgeber kräftig investiert, um das Wohlbefinden dieses Freundes noch zu steigern. Hotels, Feriendörfer, Restaurants wurden, wie erwähnt, aus dem Boden gestampft; Flugplätze, Jachthäfen und Straßen sind angelegt worden. Überall sind neue Strände erschlossen und verfallene mittelalterliche Gewölbe renoviert worden, in denen die Leder- und Teppichhändler ihre Ware anbieten.

An der landschaftlich reizvollen West- und Südküste,

auf ganzer Länge zwischen Çeşme und Alanya, hat man sich derart auf den Tourismus eingestellt, daß der Freund nun eigentlich zufrieden sein müßte. Statt dessen wächst mit der Zahl jener, die aus dem Urlaub entspannt und gebräunt heimkehren, die Zahl der Enttäuschten, besonders unter den Pauschalreisenden. Deutsche und englische Zeitschriften veröffentlichten Litaneien von Klagen, denen sich die türkische Presse selbstkritisch anschloß. Schmutzig sei es und viel zu teuer, die Organisation chaotisch, der Service schlecht und die Lärmbelästigung unerträglich. Oh, nicht generell, aber die ärgerlichen Einzelfälle häuften sich.

Manchmal war das Hotel noch im Bau, als der erste Urlaubertrupp eingeflogen wurde. Der Gastgeber zeigte sich zwar als Meister der Improvisation, fand Ausweichquartiere in Bauern- und Fischerhäusern. Bloß: Der Durchnittsurlauber bucht halt Perfektion, nicht das Unerwartete und die vielleicht malerische Unordnung – die schätzt er nur als Fotomotiv. Manchmal wurden die Straßen gerade aufgerissen; aber wer wollte denn nicht, daß die Kanalisationsrohre verlegt würden, damit die Abwässer endlich nicht länger ins Meer fließen (was sie mancherorts noch tun). Manchmal gab es tagsüber kein Wasser. Aber, was die schimpfenden Feriengäste nicht wußten, die Einheimischen hatten erst recht keins, weil die Wasserversorgung, die ursprünglich für 20 Dorffamilien berechnet war, jetzt für ein 300-Betten-Hotel ausreichen sollte. Manchmal ließen Komfort und Sauberkeit in der Unterkunft zu wünschen übrig. Manchmal lag der Strand voller Abfälle, und der Urlauber fragte empört, weshalb denn niemand die von ihm weggeworfenen Flaschen, Essensreste, Plastiktüten aufsammelte. Warum fand, wer seinen Abfall gerne selbst ordentlich beseitigen wollte, keine öffentlichen Tonnen oder, wo es sie gab, diese immer voll vor?

Grotesk insofern, als die Ärgernisse recht eigentlich vom Touristenboom ausgelöst worden sind und von all jenen mit gefördert werden, die von diesem Boom kurzfristig profitieren wollen, vor allem von manchen in- und ausländischen Reiseveranstaltern. Während die Gemeinden, viel zu langsam und mit viel zu wenig Mitteln ausgestattet, versuchen, die bis dato nicht vorhandene Infrastruktur nachzuliefern.

Ein Aufschrei der Empörung ging durchs Land, als im letzten Sommer ein Tourist mit Herzversagen am Strand zusammenbrach und kein Sanitätswagen aufzutreiben war; der einzige vorhandene war gerade in der Werkstatt. Und als der Kranke endlich mit einem Taxi in die Nothilfestation gebracht wurde, konnte der Arzt dort ihm nicht mehr helfen, denn es standen weder Beatmungsgerät noch geeignete Medikamente zur Verfügung. Das war für die Medien das Signal, wieder einmal generell die Mißstände im Land anzuprangern, nicht bloß in den Touristenzentren. Denn was der Urlauber vermißt und für sein gutes Geld meint verlangen zu können, das hat die einheimische Bevölkerung oft selbst nicht. Optimisten erhoffen sich, daß unter dem Druck der Tourismuswelle nun bald in möglichst allen Urlaubsorten Kanalisation, Wasserversorgung, Müllabfuhr und medizinische Betreuung vielleicht erst eingeführt oder aber auf den modernsten Stand gebracht werden.

Allerdings: je mehr saniert, modernisiert, ausgebaut wird, um so mehr geht vom Ursprünglichen, Natürlichen verloren. So habe ich mehrere Bauern- und Fischerdörfchen innerhalb weniger Jahre sich verwandeln sehen. Da ist plötzlich jede Hütte zur *pansyon* geworden, und der örtliche *bakkal* handelt mit Kupfervasen, Artemisstatuen und Badeanzügen. Echte Dorfhochzeiten werden als Touristenattraktion angekündigt. Und statt zum Fischfang fahren die kleinen Motorboote mit den Urlaubern auf bisher unberührte Inselchen, wo es sich herrlich baden und picknicken läßt – was die Installation von Grillplätzen, Toilettenanlagen und Mülltonnen notwendig macht, soll die unberührte Insel nicht binnen kurzem einer stinkenden Abfallhalde gleichen.

Die Türkei ist wirklich in Gefahr, ihre Paradiese selbst zu ruinieren. Umweltgruppen aus Deutschland, den Niederlanden und Schweden etwa, die jeden Sommer Abfallsammelaktionen an der türkischen Küste starten, haben das klarer erkannt als die Gastgeber. Aber ob der Protest von deutschen und türkischen – die gibt's – »Grünen« gegen das Hotel-Projekt in der Dalyan-Bucht, wo die Meeresschildkröte *caretta caretta* ihre Eier ablegt, wirklich das Problembewußtsein geschärft hat oder ob »Umweltschutz« jetzt nur ein neues Modewort bei Investoren, Regierungsvertretern und Kommunen werden wird, weiß niemand.

Das Ministerium für Kultur und Tourismus will die »spanische Entwicklung« (das Zubetonieren ganzer Küstenstriche) keineswegs nachgeahmt sehen. Und so wurde in vier Küstenregionen ein Baustopp erlassen, der dem Wildwuchs touristischer Einrichtungen, die ohne ökologische Rücksichten entstehen, Einhalt gebieten soll. Hoffen wir, daß Maßnahmen und Warnungen nicht zu spät kommen, denn in der Wachstumsbranche

Tourismus lockt das schnelle Geld. Auch für den Staat fallen erhebliche Deviseneinnahmen an. Die beiden ursprünglich gleich starken Aktivposten in der türkischen Zahlungsbilanz, Tourismuseinnahmen und Gastarbeiterüberweisungen, entwickelten sich seit 1987 gegenläufig. Während die Gastarbeiter ständig weniger Kapital in die Heimat transferierten, stiegen die Einnahmen aus dem Tourismusgeschäft um ein Mehrfaches an und bilden inzwischen die wichtigste Devisenquelle.

Reisen und Urlaubmachen gehören heute auch zum Lebensgefühl des fortschrittlichen Türken. Nicht wenige Feriendörfer entlang den Meeresküsten sind ausschließlich für den Binnentourismus erbaut worden. Und der Staat hat jahrelang den Bau von privaten Feriensiedlungen mit Krediten unterstützt. Während der heißen, staubigen Sommermonate der Großstadt zu entfliehen, wenn die Kinder über drei Monate Schulferien haben, im eigenen Häuschen das Meer zu genießen, ist das Wunschziel jeder türkischen Mittelschichtsfamilie. Wenn Sie mich fragen: Ich möchte kein Sommerhäuschen in einer dieser Strandkolonien haben. Es ist nicht nur grauenhaft langweilig, für die Hausfrau ändert sich auch kaum etwas, sie muß wie immer kochen, putzen, einkaufen.

Wer eine Alternative zur Feriensiedlung beziehungsweise zum 14-Tage-Hotelurlaub sucht und Land und Leute kennenlernen möchte, dem verrate ich mein eigenes Rezept: mit dem Auto oder Bus, dem gebräuchlichsten Verkehrsmittel, einfach losfahren, in billigen Unterkünften (einfachen Hotels oder Pensionen – und wenn Sie eine Adresse haben, auch privat) übernachten und im *lokanta* essen wie die Einheimischen. Wie es

Ihnen dabei ergehen wird, vermag niemand vorauszusagen.

Das Unerwartete macht den Reiz dieser Reisen aus. Da könnte ich viele Geschichten erzählen; lustige, rührende, spannende, aber Sie sollen Ihre Abenteuer selbst erleben. Worauf man sich verlassen kann, ist die Gastfreundschaft, wenn auch vielleicht anders als versprochen und geplant. Einmal hatten uns entfernte Verwandte eingeladen, aber als wir dann ankamen, war niemand zu Hause. Die Nachbarn lehnten sich gleich aus dem Fenster und riefen uns zu sich: unsere Verwandten seien »auf dem Dorf« (wie hier fast jede türkische Familie noch ihr Dorf hat, aus dem sie stammt und wo häufig die Ferien verbracht werden). Wir beschlossen, am nächsten Morgen ebenfalls in das nicht weit entfernte Dorf zu fahren, doch jetzt war Abend. Wo sollten wir übernachten? Sicher gab es irgendwo ein Hotel. Wir hatten diese Gedanken bewußt nicht laut ausgesprochen, aber die Nachbarn, für die wir völlig Fremde waren, hatten schon mit *hoşgeldiniz* die Tür geöffnet, sie duldeten keine Ausreden, wir mußten uns mit an den Abendbrottisch setzen, und nachher wurde für uns das Eheschlafzimmer geräumt, während die Gastgeber mit dem Wohnzimmersofa fürliebnahmen. Natürlich haben Nil *Hanım* und Nevzat *Bey* nun jederzeit das Recht, uns in Izmir zu besuchen und zu bleiben, solange es ihnen gefällt. Ich glaube, türkische Gastfreundschaft darf nur derjenige genießen, der bereit ist, sie seinerseits ohne Vorbehalte zu erwidern.

Ömür biter, yol bitmez

"Das Leben endet, der Weg nicht«, ein Sprichwort, das auf existentielle Erfahrungen des türkischen Volkes mit endlosen Wegen schließen läßt. Noch heute weiden die anatolischen Hirten, wie früher die Nomaden, in endlosen Weiten ihre Herden. Und anstelle der Kameltreiber wissen die Lastwagenfahrer ein Lied zu singen von unendlich sich dehnenden einsamen »Karawanen«-Straßen durch ein Land, das gut doppelt so groß ist wie die Bundesrepublik.

Seit 1950 sind Millionen türkische Familien auf der Suche nach Arbeit und besseren Lebensbedingungen vom Osten der Türkei in den Westen und vom Dorf in die Städte gezogen – den beiden großen Richtungen der Binnenmigration. Oft wandern auch nur die männlichen Mitglieder der Familie, etwa wie die Maurer, die mit ihrem Bettenbündel von Baustelle zu Baustelle ziehen – *ömür biter, yol bitmez*. Wenn von den 180 Millionen Menschen türkischer Sprache in aller Welt lediglich ein Drittel auf dem Staatsgebiet der Republik Türkei lebt, sagt das unter anderem etwas über die »Wanderlust« der Türken, die seit Attilas Zeiten aus politischen, mehr noch aus wirtschaftlichen Motiven in Bewegung sind. Die Bundesrepublik Deutschland ist längst nicht das einzige Land, in das Arbeitsemigranten ausgewandert sind.

Dagegen ist Wandern aus sportlichen Gründen und als Freizeitvergnügen keineswegs des Türken Lust. Im Gegenteil. Da die Ärmsten auf Schusters Rappen angewiesen sind (Hirten, Holzfäller, der Bauer hinter dem Ochsen oder Esel), gilt Fahren als Privileg. Während die deutsche Familie am Sonntag wandert oder spazierengeht, läuft die typische türkische Familie höchstens bis zum Nachbarhaus, zum Auto oder zur Bushaltestelle. Das Ziel ist, sich möglichst schnell wieder hinzusetzen und zu picknicken. Ich habe die türkische Variante des Sonntagsausflugs in der Familie meines Mannes jahrelang mitgemacht: Wir fuhren langsam durch die schönen Wälder südlich vom thrakischen Keşan, suchten nach einem Rastplatz nahe der Straße, und von diesem bewegte man sich dann bis zum Abend nicht mehr fort.

Das wäre auch gar nicht so leicht möglich, denn es gibt keine Wanderwege, höchstens Ziegenpfade, und das Streifen im weglosen Gelände ist nicht ungefährlich. Wildschweine können einem begegnen und verwilderte Hunde (Wölfe seltener), Schlangen und Skorpione. Die vielen Disteln und Dornensträucher zerreißen die Kleidung, und Felsen fallen manchmal steil ab, Gestein kommt ins Rutschen. Trotzdem mache ich auch heute noch meine Touren in die Natur, zur nicht endenden Verwunderung der Nachbarinnen.

Die romantische Naturschwärmerei des deutschen Wanderers kennt der Türke nicht. Wandern zur Entspannung, zum Ausgleich mag er selbst dann nicht, wenn er den ganzen Tag im Kontor, im Büro sitzt. Reiselust überkommt ihn dagegen im Bus. Wenn der vollbesetzte Überlandbus aus dem Busbahnhof *(otogar, garaj)* abfährt und der Fahrer eine Kassette mit schmissiger Musik in den Recorder steckt, wenn der Fahrtbegleiter, der für Bequemlichkeit und Ordnung sorgt, Kölnisch Wasser auf die Hände gießt (früher gab es sogar Bonbons, wie für den Besuch), dann lehnen sich die Reisenden behaglich zurück. Die gute Laune im Bus teilt sich mit, wirkt sich aus in Freundlichkeit, im gegenseitigen Anbieten von Zigaretten, Äpfeln, Kaugummi, im höflichen Fragen nach dem Woher und Wohin. Während die Gespräche nie laut und störend werden, können türkische Schlager und Volksmusik, an die sich deutsche Ohren erst gewöhnen müssen, schon mal lästig aus dem Lautsprecher dröhnen. Und der unter dem Gequalme seiner Mitmenschen leidende Nichtraucher wird mitunter vergebens nach einem Fenster suchen, das sich öffnen läßt – wenn er statt im Nichtraucherbus oder in einem der klimatisierten Busse, wie sie auf langen Strecken im Einsatz sind, in einem mit untauglichen Komfort ausgestatteten Vehikel zu sitzen kommt.

Im ortsübergreifenden Verkehr sind die von Privatfirmen betriebenen Überlandbusse das Hauptverkehrsmittel, nicht die staatliche Bahn. Einer Eisenbahnstrecke von knapp 8500 Kilometern (davon 90 Prozent aus der Zeit vor 1945) stehen etwa zehnmal so viele Straßenkilometer gegenüber. Zwar erreicht die Eisenbahn alle Landesteile, doch fehlen die Querverbindungen, so daß längst nicht jede Stadt ihren Bahnhof hat, während die Fernstraßen mit zahlreichen Querrouten wie ein Netz das ganze Land nahezu gleichmäßig überziehen. Die Entscheidung für den verstärkten Ausbau des Straßennetzes fiel in den fünfziger und sechziger Jahren, in denen die USA eine Verkehrspolitik unterstützten, die auf dem Import von Erdöl und Fahrzeugen basierte (heute hat die Türkei eine eigene Autoindustrie). Doch ergibt sich die Benachteiligung des Schienenverkehrs auch aus dem gebirgigen Landescharakter.

Wer mit der als umständlich, langsam und schmutzig verschrienen Bahn reist, muß dafür schon besondere Gründe haben. Zum einen ist eine Bahnfahrt etwas billiger als der ebenfalls nicht teure Bus – was sich für eine größere Familie auf einer längeren Strecke eventuell rechnet. Zum anderen kann man in der Bahn größere Lasten mitnehmen, Säcke, Kisten, Ziegen oder Hühner – wie ich das auf der Fahrt zwischen Aydın und Izmir, der ältesten Bahnstrecke der Türkei überhaupt, beobachtet habe, wo der Zug voll war mit Bauern, die ihre Ware zum Markt fuhren. Nicht um die Bauern, sondern um Geschäftsleute und Beamte wird dagegen auf der Strecke zwischen Istanbul, dem bedeutendsten Industriestandort und Haupthandelsplatz, und Ankara, seit 1923 Regierungssitz und Verwaltungszentrum in Mittelanatolien, geworben: mit höheren Geschwindigkeiten und neu eingesetzten komfortablen Ersteklassewagen, nachts auch Schlafwagen, die erheblich bequemer sind als ein Bussessel auf der achtstündigen Fahrt.

Manch einen mögen auch nostalgische Gründe dazu bewegen, den Zug vorzuziehen. Allerdings gelten diese nicht für die Einheimischen, aber Touristen reizt es immer wieder, auf der Strecke der alten »Bagdadbahn«, die mit deutschem Kapital und unter deutscher technischer Leitung erbaut wurde, zwischen Istanbul und der syrischen Grenze (über Afyon, Konya, Adana) beim langsamen Tempo der Dampflok die abwechslungsreiche Landschaft zu genießen. Blühende Mohnfelder, endlose Weizenfelder, Baumwollfelder, dazwischen sanfte Hügel, an denen Schafherden weiden, tiefe Wälder, Schluchten gleiten am Zugfenster vorbei. Wer gewundene Bergstrecken und Tunnels liebt, kommt voll auf seine Kosten. Vor Adana ist der Taurus zu überwinden, nahe der berühmten Kilikischen Pforte. Der Apostel Paulus mußte da noch zu Fuß hinüber; man fährt übrigens hinter Adana durch seine Heimatstadt Tarsus.

Der türkische Streckenabschnitt der Bahn, die Berlin mit Bagdad verbinden sollte, war 1918 fertiggestellt. »Entwicklungshilfe« vom letzten deutschen Kaiser, mit dem erklärten Ziel, eine Interessensphäre im Orient zu gewinnen und neue Märkte zu erschließen. Fragen Sie nicht, wie lange die Fahrt auf der rund 1600 Kilometer langen Strecke dauert. Vier Tage, eine Woche... das hängt von so vielen Unwägbarkeiten ab. Manchmal streikt ja die Lok, seltener das Bahnpersonal.

Der überzeugte Busbenutzer dagegen schätzt am Busverkehr vor allem die Effektivität. Von allen Städten aus gehen täglich, stündlich und öfter Reisebusse in alle Richtungen des Landes. Fahrkarten, die gleichzeitig Platzkarten sind, bekommt man bei den Agenturen an der *garaj* oder in den Stadtbüros *(yazıhane)* der privaten Gesellschaften. Achten Sie auf die mit Ortsnamen bunt bemalten Schaufenster.

Wegen der Konkurrenz – auf den Hauptlinien fahren oft mehrere Unternehmen – sind die Preise niedrig (für die 500 Kilometer von Istanbul nach Izmir zahlt man umgerechnet 25 DM), die Busse sauber und bequem, auch gut gefedert, der Service ist meistens zuvorkommend. Das Gepäck wird vom Fahrtbegleiter unten in den Kofferraum eingeschlossen und herausgegeben. Während der Fahrt kann man Trinkwasser in kleinen

Flaschen kostenlos bekommen. Wenn es sich nicht gerade um einen Expreßbus handelt (nachfragen), wird nach drei bis vier Stunden Fahrtzeit eine Pause eingelegt, deren Länge (10–30 Minuten) der Fahrer ansagt. Passen Sie auf, daß Sie die Weiterfahrt nicht verpassen! In der Raststätte kann man eine Suppe oder andere fertige Speisen und kalte Getränke oder Tee bekommen – manchmal lädt das Reiseunternehmen, dessen Gast Sie ja sind, alle zum Tee ein. Auch wenn die Toiletten nicht immer blitzsauber sind, empfiehlt es sich, diese vorsorglich aufzusuchen, denn »dafür« hält der Bus unterwegs nicht extra an. Die Straßen sind auf den Hauptstrecken gut ausgebaut, manchmal noch im Bau; Pannen sind die Ausnahme, Unfälle laut Statistik seltener als mit Privatwagen. Fernbusfahrer gelten als die diszipliniertesten Verkehrsteilnehmer.

Eine Eigentümlichkeit ist noch, daß die meisten Langstreckenbusse nachts fahren. Die fehlende Aussicht kommt dem Schlaf zugute – was allerdings ein bißchen Training erfordert –, und im Sommer stört die Hitze nicht.

Da der Busbahnhof der größeren Städte meistens nicht im Zentrum liegt, braucht man einen Zubringer, den manche Gesellschaften kostenlos zur Verfügung stellen *(servis)*, sonst bietet sich ein normaler Stadtbus an. Aber dafür sind Fahrkarten nötig, und die zu beschaffen, ist eine Wissenschaft für sich, so daß der Ortsunkundige mit einem Taxi oder einem *dolmuş* besser beraten ist. Und somit wären wir bei meinem Lieblingsvehikel. *Dolmuş* bedeutet auf türkisch soviel wie »voll/besetzt«, das heißt, der Wagen, ob Pkw oder Minibus, fährt gewöhnlich erst los, wenn er besetzt ist. Die Wagendichte richtet sich nach dem Bedarf. Es wird eine bestimmte Strecke eingehalten, wofür sich freilich nirgends ein Plan findet. Aber die Endstation ist auf dem Wagen angeschrieben und wird vom Fahrtbegleiter ausgerufen.

Dolmuş verkehren nicht bloß innerhalb der Orte, sondern auch auf kurzen Überlandstrecken, etwa vom Dorf in die nächste Stadt. Außer an den eigens ausgeschilderten *dolmuş*-Haltestellen (Zeichen D für *durak*, Haltestellen) wird bei Bedarf auf freier Strecke angehalten. *Müsait bir yerde durur musunuz!* – Würden Sie an einem geeigneten Ort anhalten. Mit diesem Zungenbrecher bringen Sie das *dolmuş* zum Stehen. Wollen Sie auf Nummer Sicher gehen, dann sagen Sie einfach *durakta!*, damit schonen Sie Ihren Zungenmuskel und haben dennoch die Gewißheit, an der nächsten Haltestelle herausgelassen zu werden. Wenn sich niemand zum Aussteigen meldet, fährt das *dolmuş* nämlich durch. Sie können natürlich beim Einsteigen dem Fahrer das Ziel Ihrer Reise nennen. Er wird Sie zumeist aufmerksam machen, wo Sie aussteigen sollen. Zum Einsteigen auf freier Strecke heben Sie die Hand.

An sich ist es verboten, mehr Personen zu transportieren, als Plätze vorhanden sind, und die Polizei kassiert bei Übertretung hohe Geldbußen. Aber einerseits bringt wohl erst der überzählige Fahrgast den Verdienst herein – die Fahrpreise setzt nicht der Unternehmer fest, sondern das Bürgermeisteramt, und zwar extrem niedrig –, andererseits geht es gegen das Ethos des Fahrers, einen *yolcu* (Reisenden), mit dem man genauso Mitleid hat wie mit dem *yabancı*, auf der Straße stehenzulassen. Ich erlebe regelmäßig am späten Abend, wenn die letzten Minibusse in Izmir in die Außenbezirke fahren und alles heim will, daß sich bis zu 20 Personen in ein *dolmuş* zwängen, das 13 Sitzplätze hat.

Im *dolmuş*, gerade wenn es eng wird, kann man spüren, wie die Leute miteinander umgehen, wie sie zusammenrücken, fremde Kinder auf den Schoß nehmen, den Platz tauschen, damit Frau neben Frau zu sitzen kommt. In der Enge macht sich der Geruch der anderen bemerkbar – Gestank ist selten, Rauchen im *dolmuş* verboten. Man drängt sich aneinander ohne Angst vor Körperkontakt, allerdings nur unter Geschlechtsgenossen. An den unvermeidlichen Nahtstellen werden Kinder dazwischengesetzt. Oder man betont durch steife Körperhaltung und einen strengen Gesichtsausdruck die Distanz. Und was für Typen es gibt, was für Gesichter, was für Gespräche!

Oft hat der Fahrer, der meist zugleich der Eigentümer oder mit diesem verwandt ist, das *dolmuş* liebevoll verziert mit Aufklebern auf der Motorhaube, neben dem Armaturenbrett: da prangen Totenköpfe, Adler, Herzen, Hotelreklamen, der rosarote Panther. Manchmal hat die Mutter oder Ehefrau des Fahrers ein umrandetes Kopftuch als Talisman mitgegeben, das neben Plastikblumen und Gebetsschnur vom Rückspiegel herunterbaumelt. Ein frommer Fahrer bevorzugt Aufschriften wie *Allah korusun* (Allah behüte), oft in Glitzerfarben, oder *Bismillahirrahmanirrahim* (Im Namen Allahs des allgütigen Erbarmers), auch im arabischen Schriftzug, den jeder in seinen typischen Zeichen erkennt und lesen kann.

Sportfans bekennen sich zu einer der großen nationalen Fußballmannschaften wie Galatasaray, Beşiktaş, Fenerbahçe oder Trabzonspor durch bunte Wimpel, Wappen, Wollzöpfe in den Vereinsfarben oder Fotos der verehrten Elf. Und dann die Musik aus dem Kassettenrecorder! Obwohl diese bei Fahrten in der Innenstadt eigentlich verboten ist. Ein Unfall soll vorgekommen sein, weil der Fahrer im Takt des Liedes *Yallah şoför Yallah!* (Mit Gott, Chauffeur) das Gaspedal immer weiter durchgetreten hatte. Am beliebtesten sind im *dolmuş* der Volksmusik nahestehende Schlager, jüngere Fahrer drücken schon mal Pop- und Rockassetten rein.

Vielleicht können Sie dem *dolmuş* nichts abgewinnen, oder es kommt wirklich immer »voll« daher, wie sein Name sagt. Dann bleibt nur das gelbe Taxi, ein in der Türkei erschwinglicher Luxus, jedenfalls erheblich billiger als in Deutschland. Alle Taxis müssen ein Taxameter haben. Sollte der Fahrer das Taxameter tagsüber, irrtümlich oder nicht, auf *gece* (Nachttarif; dieser gilt erst ab Mitternacht oder bei Fahrten über Land) stellen, was Sie am aufleuchtenden Lichtchen erkennen, statt auf *gündüz* (Tagestarif), weisen Sie ihn höflich darauf hin oder steigen Sie aus. Es kommt leider vor, daß einzelne Fahrer Touristen auszunehmen versuchen. Wesentlich häufiger allerdings werden Sie erleben, daß Ihnen der Taxifahrer wirklich hilft, ans Ziel zu kommen, indem er auch schwierige Adressen erkundet. Ich habe einmal erlebt, daß ein Fahrer eine Einbahnstraße in falscher Richtung durchfahren hat, um mich rechtzeitig durchs verstopfte Istanbul zu einem Termin zu bringen. Und ein anderer wartete, bis die Bekannten, vor deren Haus er mich ablieferte, wirklich aufmachten, damit ich nachts nicht allein auf der dunklen Straße hätte stehen müssen.

Ein Tip für alleinreisende Frauen: Steigen Sie hinten

ein, setzen Sie sich nicht neben den Fahrer. Und falls Sie gefragt werden, geben Sie an, daß Verwandte, Bekannte, eine Gruppe auf Sie warten. Eine Frau, die scheinbar ziellos unterwegs ist, wird leider leicht als »Freiwild« angesehen. Bei meinen jahrelangen häufigen Taxifahrten sind mir unangenehme Erlebnisse erspart geblieben. Aber man hört so allerhand.

Beim Bezahlen gilt, daß kleinere Beträge aufgerundet werden. Man übergibt das Geld mit einem freundlichen *tamam* (ist gut so) oder *üstü kalsın* (was drüber ist, soll bleiben). Umgekehrt habe ich jedoch schon erlebt, daß der Chauffeur auf geringfügig über der glatten Summe liegende Beträge verzichtete, wenn ich kein Kleingeld hatte. Ach das Kleingeld! Es ist immer knapp im Verkehrsleben. Große Scheine sind hinderlich, wenn man ins Taxi oder *dolmuş* einsteigt.

Ob mit Bahn, Bus, *dolmuş* oder Taxi – wie Sie in der Türkei reisen, hängt wohl auch ein bißchen davon ab, mit welchem Verkehrsmittel Sie ankommen. Die Auswahl ist groß: auf dem Landweg bieten sich neben Zug, Bus und Auto auch Motorrad, ja Fahrrad an. Zur See kann man zwischen Riesenschiffen, Fährbooten und Jachten wählen. Sollte es das Flugzeug sein, und sie landen mit THY *(Türk Hava Yolları*, der türkischen Luftfahrtgesellschaft), Lufthansa oder mit einer Chartermaschine auf einem der internationalen Flughäfen von Istanbul, Ankara, Izmir oder Antalya, dann gibt es in allen größeren Städte der Türkei Inlandflüge (Flugpläne im THY-Büro). Gerade bei kürzerer Urlaubsdauer bieten sich Flüge an. Die Preise sind günstig, so kostet der Flug von Istanbul nach Van, im Osten der Türkei, umgerechnet 200 Mark. Und das bei einer Entfernung von

1700 Kilometern, die in zwei Stunden zurückgelegt werden. Eine Busfahrt würde vergleichsweise 26 Stunden dauern, und mit dem Zug wären Sie 47 Stunden unterwegs.

Frühzeitig hat Atatürk erkannt: *Istikbal göklerdedir*, frei übersetzt: In der Luftfahrt liegt die Zukunft. Er ließ sogar seine Adoptivtochter Sabiha zur Pilotin ausbilden. In den letzten Jahren hat der türkische Staat Milliarden in den Ausbau von Flughäfen investiert. Und die Einführung des Luft-*dolmuş*, des kleinen Bedarfsflugzeugs, das losfliegt, wenn genügend Passagiere an Bord sind – bislang zwischen den drei größten Städten des Landes, Istanbul, Ankara und Izmir und in die Urlaubszentren –, zeigt, daß zum explodierenden Straßenverkehr Alternativen gesucht werden.

Und hiermit kommen wir zum dunklen Punkt des Kapitels: Wer mit dem Auto in die Türkei reist, aus welchen Gründen immer, sollte wissen, was ihn erwartet. Über die Anreise spare ich mir jeden Kommentar: Ob Sie in drei oder sieben Tagen durch Österreich, die Balkanstaaten, Ungarn, Griechenland oder Bulgarien oder... es ist wirklich Geschmacksache, wie man diese Fahrt gestaltet und wie anstrengend man sie findet. Ein triftiger Grund könnte sein, daß man Campingurlaub machen möchte.

Die Türkei ist ein Paradies für alle, die ihren Haushalt auf Rädern mitschleppen, weil sie auf ihre gewohnte Schlafdecke, das selbstgekochte Süppchen und den eigenen Sonnenschirm nicht verzichten wollen. Wild Campen ist im ganzen Land möglich, ob an der Steilküste über einer blauen Meeresbucht, inmitten der endlosen Karstwüste oder an einem lauschigen Waldrand... Lediglich Feuer machen ist im / am Wald streng verboten –, das wird auch überwacht. Bedenken Sie, daß schon ein flüchtig ausgedrückter Zigarettenstummel in den sommers zundertrockenen Wäldern und Macchien einen Großband verursachen kann.

Trotzdem ist Vorsicht geboten; ganz einsam zu campen birgt Gefahren. Hirtenhunde sind manchmal sehr scharf und durch Steinwürfe nicht zu vertreiben; zudem mag der Hirte weit sein. Es gibt Tollwut. Und – wenn auch selten – Räuber. Bis Sie die Polizei oder die *jandarma*, die für Sicherheit auf dem Lande zuständige Militärpolizei, gerufen haben, falls Sie noch rufen können, ist Ihre Ausrüstung schon verschwunden. Die Dorfbevölkerung allerdings ist überall grundehrlich, und wenn Sie sich mit den Leuten bekanntgemacht haben, zeigt man Ihnen in der Nähe der Siedlung sicher einen Platz für Ihren Wagen und eine Wasserstelle.

Darüber hinaus liegen entlang der Küsten und in schönen Gegenden zahlreiche einfache (primitive) Campingplätze, wo auch die Einheimischen Urlaub machen. Komfortabler und teurer sind die offiziell beim Ministerium für Kultur und Tourismus eingetragenen Campingplätze (Verzeichnis in der oben genannten Broschüre), wo es ordentliche Sanitäranlagen, Stromanschluß, einen Lebensmittelmarkt und vielleicht ein Restaurant gibt.

Und noch ein guter Rat: Wenn Sie erschöpft sind nach dem Grenzübertritt, dann fahren Sie nicht gleich weiter in den Süden oder nach Istanbul. Schlafen Sie sich erst einmal richtig aus. Im türkischen Straßenverkehr braucht man wache fünf Sinne, besser noch, einen sechsten Sinn, um zu erspüren, was hier eigentlich so anders ist als in Deutschland. An den Verkehrsregeln kann es nicht liegen; diese weichen nur geringfügig von den deutschen ab. Es muß wohl mit der oft beschworenen »Mentalität« dieser schnurrbärtigen Burschen zu tun haben, daß bei gleicher Rechtslage ein ganz anderes Verkehrsklima herrscht.

Doch anstelle solch nebulöser Behauptungen vielleicht lieber konkrete Beispiele: Istanbul kündigt sich dem Besucher schon 100 Kilometer vorher an mit zersiedelter Landschaft, Müllhalden, Reklametafeln längs der Fahrbahn, Trabantenstädten, Fabriken und dichter werdendem Verkehr. Wie in den Außenbezirken der anderen Großstädte (Ankara, Izmir, Adana) auch, werden Sie hier die waghalsigsten Überholmanöver erleben: von rechts, von links, in Schlangenlinien, mit Gehupe und Gedrängel. Das Einhalten der Spur scheint es ebensowenig zu geben wie irgendwelche Regeln für den Spurwechsel. Anarchie. Überholst du mich, überhol ich dich. Besonders die ortsansässigen Berufsfahrer scheinen sich ein Spiel daraus zu machen und sich so den Frust und die Langeweile eines möglicherweise zwölfstündigen Arbeitstages zu vertreiben. Natürlich versuchen *dolmuş*- und Taxifahrer einander auch die Kunden abzujagen – um dann an der nächsten Haltestelle großmütig den Rivalen vorzulassen. Mich erinnert das Ganze immer an die Rangeleien und Rempeleien der Halbwüchsigen auf dem Schulhof, das »brüderliche« Verhalten türkischer Jungen, das offensichtlich unter Erwachsenen weiterhin gilt: ständig seine Stärke und seinen Wert beweisen, doch den anderen, eventuell Schwächeren wieder aufkommen, mithalten lassen. Weibliche Autofahrer – die gibt es zunehmend in der wohlhabenden

Mittelschicht – fahren zwar selbstbewußt, aber weniger rivalisierend. In Unfälle sind sie (laut Statistik) relativ selten verwickelt.

Wenn das Ortsschild Istanbul Ihnen endlich anzeigt und Sie obendrein darüber aufklärt, daß hier die 13-Millionenstadt »richtig« beginnt, dann schlagen Sie in Gedanken ruhig ein/zwei Millionen Einwohner *(nüfus)* drauf, die seit der letzten Zählung mit Sack und Pack in der Hoffnung auf Arbeit aus Anatolien zugewandert sind. Die Metropole, die schon 1950 für anderthalb Millionen Menschen zu eng war, so daß damals mehrere breite Fahrschneisen durch die Altstadt gebrochen wurden, platzt heute aus allen Nähten. Welche Ausfahrt von der E 5 Sie auch wählen, ob Beyazit, Topkapı, Fatih... es bleibt sich gleich, immer werden Sie angesichts der gigantischen Landmauer aus dem 5. Jahrhundert im Stau enden und ganz langsam mitgeschleust werden Richtung Universität, *Kapalı Çarşı*, Sultan-Ahmet-Moschee, Hagia Sophia, Topkapı Sarayı.

Sollten Sie allerdings eine bestimmte Adresse suchen, etwa die Wohnung von Bekannten oder ein Hotel, dann empfiehlt es sich, am Stadtrand einen Taxifahrer als Lotsen zu engagieren. Es sei denn, Sie haben Spaß an Labyrinthspielen, was Ihnen auf jeden Fall Erfahrungen mit der türkischen Höflichkeit einbringt. Jedermann wird Ihnen liebend gerne helfen wollen, Sie zum Tee einladen, Ratschläge geben und eine Richtung weisen, auch wenn er sich selbst nicht auskennt. Ich weiß von Leuten, die verzweifelt, weinend – je nach Temperament – ihr Auto irgendwo stehenließen und ein Taxi nahmen.

Manch einer zieht es vor, Istanbul zu umfahren, auf der neuen Umgehungsstraße über das Goldene Horn

(Haliç) und hinter Şişli vorbei, sich auf einer der schwungvollen Bosporusbrücken *(Boğaz Köprüsü)* nach Asien tragen zu lassen – auch das ein Erlebnis! Vielleicht ist Ihr Ziel Ankara. Fahren Sie bloß hin, wenn es eine zwingende Notwendigkeit dafür gibt! Als schön kann man diese Beamtenstadt, die Hauptstadt der Republik Türkei, die Atatürk aus Sicherheitsgründen ins unwirtliche Zentralanatolien legte, nicht bezeichnen. Wenn Sie schon einmal dort sind, sollten Sie einen Besuch im Archäologischen Museum nicht versäumen, das die reichste hethitische Sammlung der Welt sein eigen nennt und darüber hinaus umfassenden Einblick in die Frühgeschichte des Landes seit der Steinzeit bietet. Sie erinnern sich: die dicken Göttinnen von Çatalhöyük.

Aber eigentlich wollten Sie sich doch Istanbul zutrauen. Das einstige Konstantinopel, die Hauptstadt des Oströmischen/Byzantinischen Reiches, das im Jahre 1453 von Sultan Mehmet II. erobert wurde – er bekam dafür den Beinamen *Fatih*, Eroberer –, ist keine autogerechte Stadt. Typisch sind die steilen, kopfsteingepflasterten Gassen, zum Teil mit interessanten alten Holzhäusern, die man am besten zu Fuß durchstreift, weil die enge Durchfahrt zusätzlich von parkenden Fahrzeugen, dem Dreiradauto des Gemüsehändlers oder dem Handwagen des Altwarensammlers blockiert ist. Aber auch die vier- bis sechsspurigen Hauptverkehrsadern sind chronisch verstopft. Rush-hour von morgens früh bis Mitternacht.

Anderthalb Millionen Privatfahrzeuge sind in Istanbul gemeldet (Stand 1996; 1950 waren es noch 2000), eingeschlossen die *dolmuş* und Minibusse, die Personalbusse der Firmen und die Taxis, die die Hauptlast des täglichen Berufsverkehrs tragen. Dazu kommen die immer brechend vollen rotweißen Stadtautobusse, die Lastwagen und die vielen Fahrzeuge von auswärts, die allesamt stinkende Abgaswolken in die von Haus- und Fabrikschornsteinen ohnehin verpestete Luft pusten. Bei meinem letzten Istanbulaufenthalt spuckte ich ins Taschentuch wie ein Kohlenhauer, und der Schnee, der zur Freude der Schulkinder fiel (da gab es nämlich frei, weil der Verkehr zusammenbrach), war schon nach einem Tag schwarz.

Sämtliche Entlastungsversuche blieben bis jetzt ungenügend oder kommen zu spät, wie die neuen Metro- und Straßenbahnlinien, die Vorstadtzüge und die beschleunigte Fähre – *deniz otobüsü*, »Meeresbus«, genannt –, die den Pendelverkehr zwischen dem europäischen und asiatischen Teil der Stadt weniger zeitraubend gestalten soll.

Die Istanbuler leben mit dem täglichen Verkehrschaos, als wäre es unvermeidlich. Selbst die zwei-, dreistündige Fahrt morgens ins Büro, ins Geschäft, in die Fabrik (und abends retour) wird hingenommen, wohl als Preis für das große Glück, in dieser Stadt leben und arbeiten zu dürfen. Daher diese Schafsgeduld beim Warten auf das Verkehrsmittel, die Gelassenheit beim schrittweisen Fortbewegen durch verstopfte Straßen.

Weshalb nicht laufen? fragen Sie jetzt vielleicht. Nun, bei Entfernungen bis zu fünf Kilometern ist das durchaus erwägenswert, die meisten Anfahrtswege sind jedoch wesentlich länger. Und, Sie wissen schon: Türken halten nicht viel von Fußmärschen. Aber selbst mir als geübter Läuferin geht in Istanbuls Straßen schnell die Puste aus wegen der smoggesättigten Luft. Zum anderen gibt es, wie überall in türkischen Städten, kaum ein Trottoir ohne Fußangeln. Löcher, Gräben, in denen unterirdische Leitungen repariert werden, herausragende Steine, lose Kellergitter, Niveauunterschiede, Matschpfützen, ausgelegte Ware vor den Geschäften, Stühle... Sie müssen ständig aufpassen, daß Sie nicht stolpern, anstoßen, umknicken. Manchmal sind die Randsteine so hoch, daß, wer eine Gasse kreuzen will, wie in eine Schlucht hinuntersteigen muß (schon aus diesem Grund wird sich der Babywagen in der Türkei nie durchsetzen, und ebensowenig dürften Rollerblades je eine Chance haben), dann wieder hört der Fußweg plötzlich auf, und Sie können nur auf der Straße weiterlaufen oder auf der Gegenseite. Nun überqueren Sie mal eine Fahrbahn, auf der die Autos in Vierer- bis Achterreihen pausenlos, Stoßstange an Stoßstange dahinziehen. Der Istanbuler kann das. Todesmutig hechtet, schlängelt, zwängt er sich zwischen den Fahrzeugen durch, und meistens erreicht er unverletzt das andere Ufer. Ich rate Ihnen dringend davon ab, das als Fußgänger im Alleingang zu versuchen, schließen Sie sich entweder einer Gruppe Einheimischer an, oder nehmen Sie den Umweg bis zur nächsten Fußgängerbrücke, deren es reichlich gibt, in Kauf; das ist am sichersten. Selbst rote Ampeln und Zebrastreifen bieten keine Gewähr, daß die motorisierten Verkehrsteilnehmer für einen Fußgänger anhalten. Lassen Sie sich dadurch aber nicht beirren; der Autofahrer, der Sie längst gesehen hat, will Sie nicht umbringen, er nutzt bloß eine Lücke aus. Bleiben Sie in Blickkontakt und gehen Sie zügig weiter.

Unfälle kommen im Zentrum von Istanbul (dasselbe gilt für die City von Ankara, Izmir, Adana) ungleich seltener vor als in den städtischen Randgebieten und auf Landstraßen, das heißt überall dort, wo man rasen kann. Verstopfte Fahrbahnen haben auch ihr Gutes: Die Geschwindigkeit ist so gering, daß Abbremsen und Anhalten jederzeit möglich sind. Zudem liebt der Türke sein zumeist neues Auto viel zu sehr, als daß er es mutwillig zu Schrott fahren würde. Auch wenn es ein alter Kasten ist, besteht keine Karambolageneigung, denn das Fahrzeug ist oft das einzige Kapital, die Einnahmequelle.

Woran der deutsche Verkehrsteilnehmer sich erst gewöhnen muß, ist, daß Verkehrsregeln, obwohl theoretisch – wie gesagt – mit jenen in Mitteleuropa identisch, scheinbar in der Türkei nicht gelten. Zwar legt auch hierzulande der Führerscheinbewerber seine beiden Prüfungen ab, und viele Leute fallen ein-, zweimal durch; das heißt, die Prüfung wird nicht geschenkt. Aber anscheinend diktiert die Praxis andere Gesetze als die in der Fahrschule gelernten. Mein von deutschen »Vorurteilen« getrübter Blick registriert entsetzt, daß sich kein Mensch vor einer Ampel exakt einordnet oder richtig nach links abbiegt; daß man die Vorfahrtsregeln, selbst bei entsprechenden Hinweisschildern, souverän mißachtet.

»Wir fahren nicht nach Vorschriften, sondern so, wie es die Lage erfordert«, erklärte mir ein älterer Taxifahrer stolz. Nun ja, die Lage erfordert in Istanbul, jede Lücke auszuspähen, zu drängeln und zu schieben, die kleinste Chance zu nutzen, frech zu sein – und auch wieder rücksichtsvoll. Wie oft habe ich erlebt, daß Fahrer wegen eines anderen Fahrzeugs, das durch riskantes Überhol-, Wende- oder Abbiegemanöver in Bedrängnis kam, auswichen oder auf die Bremse traten, und zwar ohne dem »Idioten« den Vogel zu zeigen, ohne ihm »mal eine Lehre erteilen« zu wollen. Ganz selbstverständlich werden Teilnehmer aus nicht vorfahrtsberechtigten Seitenstraßen, die sonst Wurzeln schlagen dürften, »eingefädelt«. Und in den engen Gassen, in denen stellenweise zwei Pkw nicht aneinander vorbeikommen, setzt einer der beiden ohne Murren ein Stück zurück. Eine deutsche Bekannte, die sich nach sechs Jahren beruflicher Tätigkeit aus Istanbul verabschiedete, hob in ihrem Rundbrief ausdrücklich die »Gelassenheit und Freundlichkeit der meisten Autofahrer im Gewühle der Millionenstadt« als für sie wichtige Erfahrung hervor.

Trotzdem ist das Verkehrsleben in der Türkei nicht gerade eine Idylle. Die 7000 Verkehrstoten pro Jahr sind hauptsächlich Opfer überhöhter Geschwindigkeit und falschen Überholens. Obwohl auf Landstraßen höchstens 90 Stundenkilometer gefahren werden dürfen (innerhalb geschlossener Ortschaften 50), gibt der türkische Fahrer Gas, sobald die Bahn frei ist – oder zu sein scheint. Dabei macht der Straßenzustand, abgesehen von den neuangelegten Strecken, die Raserei noch riskanter. Unebene Fahrbahn, Schlaglöcher, fehlende Mittel- und Randmarkierung, das plötzliche, weil nicht angekündigte Ende einer Spur, negativ überhöhte Kurven, unzureichend gesicherte Baustellen sollten langsames und vorsichtiges Fahren eigentlich erzwingen. Ein Wunder, daß nicht viel mehr passiert. Vielleicht liegt das an der – noch – geringen Verkehrsdichte außerhalb der Ballungsräume (auf 100 Einwohner kommt in der Türkei ein Fahrzeug, in Deutschland sind es sieben, wobei die Fläche des Landes sich wie 2:1 verhält).

Manchmal frage ich mich, ob der Durchschnittstürke kein Gefahrenbewußtsein hat oder außerstande ist, eine gefährliche Situation vorauszusehen. Den Fährnissen des Alltags begegnet er mit einem vertrauensvollen: *Bir şey olmaz* (es wird schon nichts passieren) – so lange, bis die unvorschriftsmäßig verlegte Elektroleitung einen Hausbrand verursacht oder bis der Bauarbeiter, der ohne Sicherheitsvorkehrungen auf dem Gerüst arbeitet, zu Tode gestürzt ist.

Bir şey olmaz denkt auch der Autofahrer, der vor einer Kuppe überholt oder die doppelt durchgezogene Mittellinie hartnäckig ignoriert. Meistens geht es ja gut und wo nicht, ist es eben Schicksal. Einen Zusammenhang zwischen dem Nichteinhalten abstrakter Regeln und der konkreten Gefährdung von Menschenleben – das eigene eingeschlossen – zu sehen, erfordert wohl einen längeren Lernprozeß.

Doch wenn es wirklich kracht, zeigt sich, daß die Verkehrsregeln sehr wohl Gültigkeit haben; zumindest geht die Polizei unerbittlich davon aus. Diese sollten Sie wegen des Berichts für die Versicherung bei jedem Unfall, der über einen Bagatellschaden hinausgeht, hinzuziehen. Sobald Personen verletzt sind, besteht sogar die Pflicht, die Polizei zu rufen. Da einerseits die in einen schweren Unfall verwickelten Personen sich nicht vom Unfallort entfernen dürfen, andererseits Verletzte zum Krankenhaus gefahren werden müssen, denn ein Krankenwagen *(ambulans)* steht nur im seltensten Fall zur Verfügung, sollte man versuchen, Zeugen oder am Unfall nicht beteiligte Helfer zu finden. Der Autofahrer, der auf einsamer Landstraße einen Fußgänger überfährt, handelt zwar menschlich richtig, indem er diesen ins nächste Krankenhaus bringt, verstößt damit aber gegen die Vorschriften.

Wenn Sie dem Verletzten die Arztkosten und möglicherweise ein Schmerzensgeld bezahlen (dafür sind Sie ja versichert), ist es leicht, notfalls mit Hilfe eines Anwalts, zu beweisen, daß Sie keine Fahrerflucht begehen wollten.

Unfälle mit Fußgängern kommen in der Türkei relativ häufig vor; nicht in den Wohngebieten, wo jeder Autofahrer auf spielende Kinder eingestellt ist, sondern in den Ortsdurchfahrten, besonders auf dem Lande. Hier laufen nicht nur Kinder, sondern auch Erwachsene oft so unvorsichtig über die Fahrbahn, als hätten sie noch nie ein Auto gesehen oder als könnte dieses so schnell anhalten wie ein Pferdewagen. Auch bei Fahrrad- und Mopedfahrern, bei Traktoren und anderen landwirtschaftlichen Fuhrwerken muß man damit rechnen, daß die Fahrer sich spontan und regelwidrig verhalten, etwa auf der falschen Straßenseite dahintuckern, plötzlich ausscheren, in der Dunkelheit ohne Licht fahren. Ich denke noch mit Schrecken an eine Nachtfahrt in Thrakien von Edirne nach Keşan, als auf der hügeligen Strecke alle paar Kilometer ein unbeleuchteter Traktoranhänger oder ein abgestellter Lastwagen auftauchte.

Den »Alptraum des Autofahrers« nennt die Zeitung *Cumhuriyet* übrigens die über eine halbe Million Lastwagen auf den türkischen Straßen. An schweren Unfällen sind sie überdurchschnittlich beteiligt. In einer neueren Reihenkontrolle hat die Verkehrspolizei festgestellt, daß die technische Ausrüstung bei 70 Prozent (!) aller Lastwagen zu beanstanden ist, angefangen von den Reifen über die Bremsen bis zu Beleuchtung und Auspuff. Sehr oft werden die Ladevorschriften nicht beachtet. *Bir şey olmaz!* Es wird zu schwer und zu hoch geladen, so daß der Wagen Schlagseite bekommt und umkippen kann. Oder die Last ist nicht vorschriftsmäßig befestigt, so daß andere Verkehrsteilnehmer durch herunterfallende Baustoffe, Sessel, Tomatensteigen (das alles habe ich schon persönlich gesehen) gefährdet werden. Außerdem werden, entgegen den Vorschriften, Menschen auf der Ladefläche befördert. (O wie lustig waren doch die Ausflüge mit dem Lastwagen des Schwagers durch die thrakischen Sonnenblumenfelder ans Meer!) Die Gebote über Geschwindigkeit und das Verhalten beim Überholen scheinen Lastwagenfahrer noch geflissentlicher außer acht zu lassen als andere Führerscheininhaber. Hinzu kommt die bei Brummi-Fahrern verbreitete Übermüdung am Steuer.

Ob die Polizei mit verstärkten Kontrollen und abschreckenden Strafen viel ausrichten wird gegen einen Mißstand, den die Fahrer nur zum Teil verantworten? Die erwähnte Zeitung fordert – an welche Adresse? – eine bessere »Grundausbildung« für Lastwagenfahrer. Ich füge mit »deutscher Überheblichkeit« hinzu: Wo hat der TÜV (den gibt es nämlich) seine Augen? Und über welche Mittel verfügt dieser, Auflagen gegenüber den Fahrzeughaltern zu erzwingen? Mein Rat: Wenn Sie als Autofahrer einem Lastwagen begegnen, Abstand halten und auf alles gefaßt sein!

Bleibt noch das absolute Alkoholverbot für Autofahrer zu erwähnen; das heißt, die staatlich festgesetzte Promillegrenze liegt in der Türkei bei 0,00 Prozent, woran sich leider nicht jedermann hält. Die Strafen sind empfindlich, wenn einen die Polizei erwischt. Und wer gar alkoholisiert einen Unfall verursacht, kann mit Gefängnis rechnen, auch als Ausländer.

Jetzt ein Wort zu den Verkehrsschildern. Diese entsprechen den international üblichen, beschriftet sind sie jedoch türkisch. *Dikkat!* mahnt zur »Vorsicht!«, *dur* befiehlt »Halt«; *yavaş*, »langsam«, bittet Sie, Ihr Tempo zu zügeln; *Şehir merkezi* weist Ihnen die Richtung zur »Stadtmitte«; *trafik kontrolü* heißt – na was wohl? – »Verkehrskontrolle«. Aber die erkennen Sie meistens schon an den Polizisten, die mit der Kelle winken. Türkische Polizisten sind in der Regel hilfsbereit und ebenso ausländerfreundlich wie alle ihre Landsleute. Doch sollten Sie weder Sprachkenntnisse noch eine Auskunft auf Routenprobleme von ihnen erwarten. Der Polizist an der Ecke weiß kaum mehr als jeder normale Bürger.

Natürlich kommt man nicht umhin, nach dem Weg zu fragen, denn die Beschilderung ist spärlich; kleinere Orte werden nicht vorher angezeigt, und auch die eigene Karte läßt einen ja manchmal im Stich. Mit dem rasanten Straßenausbau der letzten Jahre halten die Karten oft nicht mit. Sie müssen aber gleichermaßen auf das Gegenteil gefaßt sein. So habe ich jüngst mit Freunden erlebt, daß auf einer ganz neuen Karte Orte vermerkt waren, die sich noch in der Bauphase befanden und zu denen – als Straße eingezeichnet – kein Weg, sondern eine Schlammpiste führte. *Yolsuzluk* – »Weglosigkeit« ist trotzdem etwas anderes; es bedeutet das vorschriftswidrige Verhalten, etwa Amtsmißbrauch, Veruntreuung, Schlamperei, Bestechlichkeit. Während *Her şey yolunda* (wörtlich: alles ist auf dem Weg) ein sehr nützlicher Ausdruck ist, den Sie ruhig auswendig lernen können; er bedeutet »alles in Ordnung«. Hoffentlich können Sie das bei Ihrer Reise durch die Türkei oft sagen.

Weltmeister im Gemüseverbrauch

Vor einigen Tagen waren wir wieder die Gäste des Sultans... Man feierte auf einer großen Wiese... ein Volksfest, wegen der Beschneidung der jungen Prinzen, zu welchem man auch das diplomatische Korps eingeladen hatte. Da diese Feier echt türkisch ist, so gab man uns auch ein echt türkisches Diner, natürlich ohne Messer und Gabeln und ohne Wein. Den Anfang der Schüsseln machte ein gebratenes Lamm, inwendig mit Reis und Rosinen gefüllt. Jeder riß sich ein Stück ab und langte mit den Fingern hinein; dann folgte Halwa, eine süße Mehlspeise aus Honig, dann wieder Braten und wieder ein süßes Gericht, bald warm, bald kalt, bald sauer, bald süß. Jede einzelne Schüssel war vortrefflich, die ganze Kombination aber für einen europäischen Magen schwer begreiflich, und das alles ohne Wein. Das Eis wurde in der Mitte der Mahlzeit gegeben; endlich forderten wir dringend den Pillaw, welcher stets den Beschluß der Mahlzeit macht. Dann wurde noch eine Schüssel Wuschaff oder ein Aufguß auf Obst auf die große runde Scheibe gestellt, an der wir aßen, und mit Löffeln geleert.«

So wie hier Helmuth von Moltke die Tischsitten beschreibt, wird in der Türkei heute noch bei den überaus beliebten Picknicks im Freien gegessen – und auf dem

Dorf. Die Familie hockt auf dem Boden um eine »große runde Scheibe« aus Holz oder Metall, *sofra*, und alle löffeln aus den gemeinsamen Schüsseln; Teller für den einzelnen gibt es nicht. Das hat den Vorteil, daß sechs, acht, ja zwölf Esser an einen relativ kleinen »Tisch« passen. Man muß allerdings etwas geübt sein, die Beine unterzuschlagen; das ist immer mein Problem, wenn wir bei den Schwiegereltern um die *sofra* hocken.

Außer Löffeln – die holzgeschnitzten, die man als Souvenir kaufen kann, sind mancherorts noch üblich – wird höchstens eine Gabel benutzt. Ein Messer wird im Restaurant selbstverständlich aufgelegt – wohl zur Verzierung. Der Türke hantiert schon deswegen nicht mit diesem Besteck, weil er dann die Gabel mit der linken Hand zum Mund führen müßte, und das gilt als unfein, unanständig (mit der linken Hand reinigt man sich auf der Toilette). Zu schneiden gibt es bei türkischen Gerichten eigentlich nichts: die Fleischstückchen sind weich und kleingeschnitten, oder das Fleisch hat einen herausragenden Knochen zum Anfassen, wie beim *pirzola*, dem Lammkotelett. Ein ganzes gebratenes Lamm, wie es Moltke beschreibt, kommt höchstens bei Volksfesten auf den Tisch.

Da bestimmte Dinge mit bloßen Händen gegessen werden, wäscht man sich diese vor und nach der Mahlzeit. Eßgeräusche in Maßen sind nicht verpönt, wohl aber das Naseputzen bei Tisch. Das macht man am besten im stillen Kämmerlein, will man einem Türken nicht den Appetit verderben. Nicht immer ist das, was wir ganz natürlich finden, für andere erträglich – und umgekehrt.

Auch an der gedeckten Tafel, wenn jeder vor einem

eigenen Teller sitzt, ist es durchaus üblich, daß Freunde (die Familie sowieso) von der gemeinsamen Salatplatte herunteressen, jeder von seiner Seite aus. Niemand findet das abstoßend. Mir selbst fällt es inzwischen schwer umzudenken und etwa Salattellerchen zu decken, wenn Besuch aus dem Ausland da ist – so sehr haben wir uns an den »Familiensalat« gewöhnt. Für die Sitzordnung bei Tisch gibt es keine verbindlichen Regeln. In der Familie wird durchweg gemeinsam gegessen, und besonders am Abend, zur Hauptmahlzeit, warten alle, bis der Vater da ist. Sind Gäste gekommen, besonders solche, die man nicht gut kennt, wird schon mal ein extra »Männertisch« eingerichtet, und die Frauen mit den Kindern essen separat. Daß man in Deutschland allerdings zu glauben scheint, dies sei allgemein türkischer Brauch, löst bei meinen Nachbarinnen, mit denen ich das Thema erörtere, nur spöttisches Lachen aus.

Wie ich meine Familie bekoche, werde ich öfter gefragt. Nun, im Normalfall türkisch; denn einmal sind die Zutaten dafür leicht zu besorgen, und zum anderen liebe ich die türkische Küche. Manchmal freilich überkommt mich die Sehnsucht nach Sauerkraut, Kartoffelpuffern und deutschem Eintopf – Gaumenfreuden, die sich, wenn auch unvollkommen, realisieren lassen –, Rippchen und Speck sind, weil Schweinefleisch und einem Muslim verboten, nicht im Handel.

Aber als Urlaubsgast wird es Sie kaum nach heimischen Gerichten, sondern nach der schmackhaften türkischen Küche gelüsten. Diese ist, im Gegensatz beispielsweise zur französischen, nicht durch die Kunst genialer Köche berühmt geworden: sie verdankt ihren Ruf den einfachen Gerichten, die jede Hausfrau aus den Gaben der Natur zubereitet: Gemüse steht an erster Stelle. Weniger typisch, weil relativ teuer, sind Fleischgerichte wie *döner*, *köfte* (Hackfleischklößchen in allen Variationen), *şiş kebap* (Fleischspieß) – selbst wenn das dem Touristen im Lokal so erscheinen mag –, typisch ist die reiche Auswahl an herrlichen Gemüsezubereitungen.

Schon der Einkauf macht hier Spaß, wo einen alles frisch, sonnengereift und in Fülle hingebreitet anlacht. Ich nehme Besucher aus Deutschland immer mit auf den Wochenmarkt, weil es eine Lust ist auszuwählen und den Korb mit glänzenden Auberginen, prallen roten Tomaten, Gurken, Paprika und Petersilie, Blattspinat und Lauch zu füllen. Und erst das Obst! Erdbeeren, Kirschen, Trauben, Melonen, Feigen, Mandarinen... Auf den Wochenmärkten wird ausschließlich Obst und Gemüse der Jahreszeit verkauft, keine Kühlhausware. Allerdings sind die Winter an der türkischen Süd- und Westküste nicht kalt, so daß zwischen November und März im Freiland Salat, Spinat, grüne Zwiebeln und Kohl geerntet werden können. Gurken, Bohnen und Zucchini kommen gegebenenfalls aus dem Gewächshaus.

Eier und Fisch, Schafskäse und Oliven finden sich auf den Wochenmärkten ebenso wie Schuhe, Geschirr, Kurzwaren und Trainingsanzüge. Oft bieten Bauersfrauen selbstgestrickte Strümpfe und umhäkelte Kopftücher an, viel billiger als etwa im Souvenirshop. Wer über eine schmale Reisekasse verfügt oder sich teilweise selbst versorgen muß / will, sollte erst mal über den Wochenmarkt schlendern, ehe er sich einem Laden zuwendet.

Aber wir wollten ja vom Essen sprechen. Wenn der

Gemüsekorb voll ist, bereitet die Frage »was kochen wir heute?« keine Kopfzerbrechen. Beliebt ist jede Art von Gefülltem, also *biber dolması* (gefüllte Paprika), *yaprak sarması* (gefüllte Weinblätter), *kabak dolması* (gefüllte Zucchini), *lahana sarması* (gefüllte Kohlblätter). Die Füllung besteht aus pikant angemachtem Hackfleisch oder aus einer Reismischung mit Petersilie, gehackten Tomaten, Zwiebeln, Gewürzen und Olivenöl. Ob die berühmten gefüllten Auberginen ihren Namen *Imam bayıldı* (der Geistliche fiel in Ohnmacht) von ihrem vorzüglichen Geschmack haben oder daher, weil der Knoblauchduft den Esser umfallen läßt, ist noch nicht ausdiskutiert.

Knoblauch ist ein Kapitel für sich. Sein gesundheitlicher Wert mag unbestritten sein, die Geruchsbelästigung für die empfindsame Umwelt ist es ebenfalls. Allerdings wären einige Gerichte ohne Knoblauch nicht das, was sie sind: zum Beispiel *cacık*, eine erfrischende Joghurtkaltschale mit Gurkenstückchen, oder *mantı*, eine Art Ravioli, über die keine Tomatensoße, sondern Joghurt gegossen wird, der unbedingt einen Hauch Knoblauch braucht. An Ratschlägen, wie der aufdringliche Geruch zu mildern sei, fehlt es nicht. Ich fürchte dennoch, es gibt kein wirksames Gegenmittel. Wer eine wichtige Besprechung hat oder ein Rendezvous, der sollte sich einen Tag vorher lieber den Genuß von Knoblauch versagen. Vom Propheten Muhammed ist überliefert, daß er aus Rücksicht auf seine Mitmenschen auf Knoblauch und Zwiebeln verzichtete. Deshalb konnte die türkische Presse die Bemerkung des Kreuzberger Bürgermeisters Wolfgang Krüger, der einer Delegation türkischer Verwaltungsfachleuten entgegenkommend verkündete: »Ich habe Knoblauch gegessen, um mich Ihnen anzupassen«, weder gefällig noch komisch finden; sie reagierte beleidigt.

Kehren wir zu unseren *dolma* zurück. Die in Olivenöl dargebotenen Varianten bilden einen Bestandteil der kalten Vorspeisen, der *meze*, die sowohl den Auftakt für ein Menü bilden können als auch zum *rakı*, dem mit Wasser vermischt genossenen Anisschnaps, gereicht werden. *Rakı* ohne *meze* schmeckt nicht und macht schnell betrunken. Sich am Büfett eines guten Restaurants die Leckerbissen für den Vorspeisenteller selbst auszusuchen, ist eine Wonne. So stille ich manchmal den kleinen Hunger beim Stadtbummel. Da gibt es *kızartma*, gebratene Auberginen und gebratene Paprika, sauer eingelegtes Gemüse, überbackenen Blumenkohl, Champingonsalat sowie allerhand Cremes und Pasten, die man erst probieren darf und sollte, ehe man sich mehr davon auftragen läßt: ihr Hauptbestandteil ist wieder püriertes Gemüse, vor allem die schier unverzichtbare Aubergine – ein Wunder, was sich aus diesen *patlıcan* alles zaubern läßt –, mit Joghurt, Öl und Gewürzen angemacht. Bohnensalat, Tomatensalat, Pasteten, am Meer auch Krabben- und Tintenfischsalate. Fisch gehört nur in Meeresnähe zur türkischen Küche. Sicher spielt eine Rolle dabei, daß Tiefkühlung bisher nicht verbreitet ist. Und wer einmal an den delikaten Geschmack von frisch gebratenem Fisch gewöhnt und damit »verwöhnt« ist, den vermag kein wie immer konserviertes Seegetier mehr zu verlocken.

Übrigens ist der erste Gang eines Menüs nicht unbedingt eine Suppe. Dennoch ist der Türke alles andere als ein Suppenkaspar. Es gibt sehr schmackhafte Suppen, die sogar das Hauptgericht bilden können: Suppe zum Frühstück ist auf dem Land immer noch üblich und ein angenehmer Magenfüller, wenn man eine längere Busfahrt vor sich hat oder kein anderes Frühstück auftreibt. Pensionen und einfache Hotels vermieten oft Zimmer ohne Frühstück. Diesen Mangel machen spezielle Suppenlokale, *çorbacı* (von *çorba*, Suppe) wieder wett, die eine stattliche Palette bieten. Zu den bekanntesten Arten zählen: *yayla çorbası* (Almsuppe) mit Joghurt und Reis, der zerlassene Butter und frische Minze einen herrlichen Geschmack verleihen; *bulgur çorbası* wird aus feinem Weizenschrot mit Tomatenextrakt zubereitet und mancherorts wieder mit Minze gewürzt; *mercimek çorbası* ist eine Linsensuppe.

Unter *tarhana çorbası* konnte ich mir lange nichts vorstellen. Das Wörterbuch übersetzt – wahrhaft erhellend – »Suppe aus Tarhana«. Im Lesebuch meiner Kinder stieß ich jedoch auf eine Erzählung, nach der das Wort ursprünglich *dar hane*, das »schmale, kärgliche Haus« gelautet haben soll, danach hätten wir es hier mit der Suppe der Armen zu tun, was man ihr heute freilich nicht mehr anmerkt. Die Trockenmasse dafür besteht aus Mehl oder Gries beziehungsweise *bulgur*, Fleischbrühe, Joghurt, weitere Zutaten können Zwiebeln, Kräuter, Tomaten sein; in vielen Haushalten wird sie wie eh und je im Sommer hergestellt und auf dem Flachdach in der Sonne getrocknet. Das Rezept ist der Stolz der Hausfrau und variiert individuell und landschaftlich.

Die Grundlage diverser Nudel-, Hühner- und Gemüsesuppen sind *et suyu*, Fleischbrühe, oder *tavuk suyu*, Hühnerbrühe. Eine Besonderheit ist die *işkembe çorbası* (Kuttelsuppe). Überwinden Sie Ihr Grausen, Kostproben lohnen sich. An die Suppe gehört ein Schuß Essig oder Zitrone, der ebenfalls erforderliche Knoblauch fehlt selten. Es gibt Leute, die -zig Kilometer für eine gute *işkembe çorbası* auf sich nehmen. Übrigens gilt sie auch als probates Mittel gegen den »Kater«.

Noch ein paar Beispiele für Delikatessen, die Sie nicht schrecken sollten. *Kokoreç* läßt einem das Wasser im Mund zusammenlaufen, wo immer sein Geruch nach Gegrilltem und Oregano einem verführerisch in die Nase steigt. Über einem Becken mit Holzkohlenglut brutzelt am Straßenrand oder im Basar etwas, das wie eine Reihe aufgespießter Wurstringe aussieht. Es sind wulstige, fettige Lammdärme, eine Zumutung für die Zähne! *Pastırma* dagegen – Rinderdörrfleisch, das in dünne Streifen geschnitten und zwischen Weißbrot gegessen wird – kann (selten) mürbe sein und sogar gut schmecken (ebenfalls selten); es kommt auf die Qualität des verwendeten Rindfleischs an und auf die Beize, in der es monatelang liegt. Diese sollten Sie vor dem Verzehr unbedingt abkratzen, wenn Sie nicht tagelang aus dem Mund *stinken* wollen.

Çiğ köfte sind keine rohen Fleischklöße, wie der Name vermuten ließe, sondern aus dem schon mehrmals erwähnten mit gehackten Tomaten, Paprika, Zwiebeln, Petersilie vermischten *bulgur* geformte »Plätzchen«. Sie werden als *meze* oder beim Picknick gegessen, oder die Frauen machen sie zum Nachmittagstee, wenn unverhofft Besuch kommt. Wie der Name verrät, müssen *çiğ köfte* nicht gekocht werden, sogar der *bulgur* ist roh. Weshalb empfindliche Naturen hinterher erheblich unter Blähungen leiden.

Leichter verdaulich, weil die darin enthaltenen Weizenkörner gekocht sind, ist die *aşure çorbası*, eine süße Suppe, die einmal im Jahr von meinen Nachbarinnen bereitet und schüsselchenweise von Haus zu Haus verteilt wird. Dieser Brauch hat wohl mehr als nur eine religiöse Bedeutung. Ist doch *aşure günü* der 10. Tag des Monats Muharrem, an dem der Prophetenenkel Hüseyin ermordet wurde. Dieser Tag wird von den Schiiten mit Trauer begangen – also vielleicht nicht ganz der rechte Anlaß, ihn mit einer süßen Suppe zu feiern? Aber das religiöse Wörterbuch hat noch andere Ereignisse parat, deren am *aşure*-Tag gedacht wird: der Wiederbegegnung Jakobs mit seinem Sohn Josef, der Annahme von Adams Reue und der Rettung von Noahs Arche aus der Sintflut. Und damit sind wir auf der richtigen Spur für unsere Süßspeise.

Ob das Schiff nun auf dem Berg Ararat, dem *Ağrı Dağı* aufsetzte oder, wie der Koran (11. Sure, 44. Vers) sagt, am Berg Cudi, ist – zumal beide Berge im östlichen Grenzgebiet der Türkei liegen und die Behörden die Erlaubnis zum Besteigen nicht oder nur »bewährten« Reiseunternehmen erteilen – für den Genuß unserer *aşure çorbası* nicht ausschlaggebend. In der *pastane* (Konditorei), wo sie öfter zwischen Vanillepudding und Schokoladentorte in der Vitrine steht, weiß wohl kaum jemand, welche Bewandtnis es mit der eigenartigen Mischung aus Weizenkörnern, weißen Bohnen, Kichererbsen, Rosinen, Nüssen, Mandeln, Aprikosen und Feigen hat. Wir aber können uns vorstellen, wie Noahs Familie alle Vorräte im Schiff zusammensuchte, um daraus eine Fest- und Dankessuppe zu bereiten.

Hinsichtlich der *pastane* gilt es, Ihre Erwartungen zu dämpfen, denn diese Einrichtung ähnelt nur entfernt einer deutschen Konditorei. Zwar kann man hier, wie gesagt, Pudding, Eis und Kuchen essen, doch ist letzterer meist recht fett und extrem süß. Die Kombination von Kaffee und Kuchen ist den Türken völlig fremd und allenfalls in Touristenzentren anzutreffen. Wenn Sie Glück haben, wird der Nescafé nicht dünn und die Milch nicht sauer sein. Um Enttäuschungen zu vermeiden, sollte man im Ausland nicht allzu heftig nach heimischen Gaumenfreuden verlangen. Als ich Freunde am Ende einer sechswöchigen Türkeitour bei uns mit Filterkaffee und Obstkuchen begrüßte, war das für sie schon der Anfang von »zu Hause«.

Wirkliche Meister sind die Türken, wenn es um *baklava* geht. Das sind Blätterteigtaschen oder -röllchen, die mit Nüssen, auch Pistazien, gefüllt und mit Zuckersirup getränkt sind. Ebenfalls sehr süß, aber köstlich. Sie sollten ein Glas Wasser *(su)* nachtrinken, das beim *baklavacı*, dem Spezialisten für *baklava*, dazu serviert wird. Der beste *baklavacı* einer Stadt ist bei den Einheimischen so bekannt, daß am Tag vor *Ramazan Bayramı*, dem »Zuckerfest« am Ende des Fastenmonats, die Spezialität – zum Beispiel bei Ünlüoğlu in Izmir – nur auf Vorbestellung zu bekommen ist. Ich habe einmal nichtsahnend in einer Warteschlange von zwanzig Kunden gestanden und erleben müssen, wie mir das letzte Blech vor der Nase weggeschnappt wurde. Die Leute hatten nicht etwa ein, zwei Päckchen bestellt, sondern deren zehn und mehr – zum Verschenken. Ünlüoğlu, dieser rothaarige, dicke *baklavacı*, der offensichtlich seinen Köstlichkeiten selber frönt, bietet auch eine Variante mit frischer Sahne an, *şövbiyet* genannt. Seit ich einmal davon gekostet habe, komme ich, auch wenn es einen Umweg bedeutet, immer wieder hierher (nahe Babadan-Hotel und Goethe-Institut), um im Stehen, so ist das üblich, meine Portion zu verzehren. Als süßes Mitbringsel für Deutschland eignet sich, weil länger haltbar und weniger feucht, *lokum* besser, das so herrlich zwischen den Zähnen kleben bleibt. »Turkish delight.«

Ich glaube, bis hierher ist schon klargeworden, daß Sie sich in der Türkei keine Sorgen um Ihr leibliches Wohl machen müssen. Es gibt viele Möglichkeiten, tagsüber den kleinen Hunger zu stillen, sei es auf die einfachste Art: mit Weißbrot, Schafskäse, Tomaten, Oliven – wie das die türkischen Bauern und Arbeiter tun –, sei es bei einem der vielen Imbißlokale und -stände mit süßen und sauren Spezialitäten. Vielleicht sollte ich noch *pide* erwähnen, das Fladenbrot mit Belag, das beim *pideci* frisch aus dem Ofen kommt, angeblich ein Vorfahre der italienischen Pizza. Dünner ausgewalzt ist der Teigfladen beim *lahmacun*, wodurch die Würze des Belags schärfer zum Ausdruck kommt. Dazu sollte unbedingt *ayran*, das erfrischende Joghurtgetränk, bestellt werden. *Lahmacun* wird manchmal von fliegenden Händlern aus dem Tragekorb heraus verkauft, doch ist der Fladen schon abgekühlt, und man kann kein *ayran* dazutrinken.

In den Städten sind in den letzten Jahren Hamburgerbüfetts und Spaghettibuden aus dem Boden geschossen (genauso wie die Supermärkte, die »europäische« Lebensmittel führen). Sie werden nach meiner Beobachtung nicht vorwiegend von Touristen frequentiert, sondern von einheimischen Jugendlichen und von berufstätigen oder einkaufenden Frauen, die sich in dieser Umgebung weniger angestarrt fühlen als im Restaurant.

Theoretisch könnte eine Frau in der Türkei alleine in

jedes Lokal gehen, ausgenommen in die Teehäuser, von denen bereits die Rede war. Über Atatürk, der sich nachhaltig für den Abbau der Haremsmentalität engagierte, ist folgende Begebenheit überliefert: Sureyya Ağaoğlu, die erste türkische Rechtsanwältin, ging zum Mittagessen in das einzige Restaurant der neuen Hauptstadt Ankara, wo ausschließlich Männer aßen. In ihrem Buch *Schwestern unterm Halbmond* schildert die Türkin Naila Minai das Geschehen: »Niemand warf sie hinaus, aber aller Augen wandten sich ihr zu, wann immer sie eintrat, so daß sie sich gezwungen sah, ihr Essen in einer geschützten Ecke in der Nähe des Waschbeckens herunterzuschlingen.« Die junge Frau hätte ja nun aufgeben und ein belegtes Brötchen im Büro essen können, doch das wäre der Tochter des feministischen Schriftstellers Ahmet Ağaoğlu feige vorgekommen. Die Männer gingen auf die Provokation ein und beschwerten sich an höchster Stelle. Nun trat Atatürk auf den Plan und begleitete die Rechtsanwältin in das betreffende Gasthaus. »Diese junge Dame ist heute mein Gast in meinem Hause«, soll er zu den Anwesenden gesagt haben, »aber morgen wird sie wie gewöhnlich zum Mittagessen hierherkommen.«

Trotzdem ist es noch immer unüblich, daß eine Frau allein ein Restaurant aufsucht. Genauso unüblich ist es, wenn auch aus anderen Gründen, daß ein Mann allein an einem Tisch sitzt. Türken ziehen einfach die Geselligkeit vor, das macht ihre Tafelfreuden erst vollkommen.

Übrigens müssen die teuersten Restaurants nicht immer die besten sein. Auch in einem einfachen *lokanta* kann man lecker (und preiswert) essen. Womit beileibe nichts gegen die ausgesprochenen Feinschmeckerlokale gesagt sein soll – sie empfehlen sich meistens selbst, während Sie Ihr *lokanta* mit guter Hausmannskost auf eigene Faust entdecken können. Im letzten Sommer habe ich mit der Familie am Strand von Ilıca (Çeşme) herrlich gegessen – am Imbißstand, wenn man so will. Natürlich fehlten weder »hotdog« noch »pomfrit«. Außerdem aber kochte der Wirt persönlich jeden Tag ein Eintopfgericht – und das war so köstlich, daß sogar die Gäste vom nahegelegenen »Turban«-Hotel ihre Dinnerkarten dafür eintauschten.

Wenn wir in der Türkei auf Reisen sind und fremd in einer Stadt, halten wir im Basar stets nach einem *lokanta* Ausschau, wo viele Leute zufrieden über den Tellern sitzen. Das ist ein Hinweis darauf, daß hier die Speisen nicht schon lange herumstehen, sondern täglich frisch zubereitet werden. Lassen Sie sich nicht abschrecken, wenn die »Eßhöhle« eng, dunkel, zugig und – nach deutschen Begriffen – ungemütlich ist. Hauptsache, die Tische sind sauber gedeckt. Schauen Sie sich die fertigen Speisen an, die entweder in der Küche in Kesseln oder im Lokal hinter Glas in großen Metallkästen warmgehalten werden, und stellen Sie sich Ihr Menü selbst zusammen. Eine Speisekarte gibt es im einfachen *lokanta* selten, oder sie hat nichts mit dem aktuellen Angebot gemein; so ist es das beste, dem Kellner oder Koch die Speisen zu zeigen, nach denen es einen gelüstet. Die Reihenfolge spielt keine Rolle, und nachbestellen kann man natürlich immer.

In den Kesseln schmoren vorwiegend diverse *kebap*-Gerichte, geschnetzeltes Fleisch in verschiedenen Soßen oder mit Gemüse, wie *bamya* (Okraschoten), *patlıcan*, weißen Bohnen und Kichererbsen zusammengekocht.

Besonders fein ist *güveç*: im Tontopf geschmorte Fleischstückchen mit gemischtem Gemüse. Zu allem wird Weißbrot gegessen, das wirkt ausgleichend gegen Schärfe und Fett. Der Reis-*pilav* ist keine Beilage, sondern ein eigener Gang. Ich muß es mir versagen, von den vielen Zubereitungsarten des *pilav* zu schwärmen – das Essenskapitel ist bereits übergewichtig.

Ein *pilav*, eventuell mit einer Portion Joghurt oder mit frisch gegrilltem Fleisch, ist vor allem dann zu empfehlen, wenn man kein Vertrauen in die fertig gekochten Speisen hat oder auf den Magen Rücksicht nehmen muß. Wirklich warnen möchte ich vor jeder Art von warmem Spinat (*ıspanak*) im *lokanta*, da er beim Aufwärmen bekanntlich einen Giftstoff entwickelt. Wer empfindlich ist, sollte auch auf den bereits fertig dastehenden Salat verzichten und sich lieber Tomaten und Gurken frisch aufschneiden lassen (*söğüş*). Die Warnung vor Obst, das nicht zu schälen ist, brauche ich wohl nicht zu begründen. Das heißt nicht, daß Ihnen die Trauben zu hoch hängen müssen, wenn Sie sie selbst unter wirklich sauberem Wasser nicht bloß abspülen, sondern richtig waschen.

Leitungswasser ist im allgemeinen, nicht aber in Istanbul, hygienisch unbedenklich, weil die Gemeindeverwaltungen bakterienvernichtende Mittel in die Wasserspeicher geben. Der Geschmack verrrät es! Als Getränk empfiehlt sich deshalb das Quellwasser in verschlossenen Wasserflaschen *(şişe suyu)*, das es überall zu kaufen gibt.

Doch vor Wasser und *ayran*, dem erquickenden Trank aus Joghurt und Wasser, gewürzt mit einer Prise Salz, rangiert der Tee (*çay*). Er ist der Türkentrank schlechthin – nicht etwa »C-a-f-f-e-e«. Ein Täßchen Mokka (*kahve*) wird allenfalls nach der Mahlzeit getrunken oder als Willkommenstrank für den Besucher gereicht. Sie sollten wissen und sagen können, ob Sie den *kahve* nun *sade* (ohne Zucker), *orta şekerli* (leicht gezuckert) oder *şekerli* (süß) möchten. Wie gesagt, Mokka ist besonderen Gelegenheiten vorbehalten (und auch relativ teuer), während der im Lande angebaute Tee rund um die Uhr getrunken wird. Die beiden aufeinandergesetzten Kannen, unten Wasser, oben der Teesud, sind ständig am Brodeln.

Der gewerbsmäßige Betreiber einer *çay ocağı* (»Tee-Kochstelle«) benötigt eine relativ teure Lizenz, was dazu führt, daß im *lokanta* meist kein Tee oder Mokka gebraut werden kann, sondern diese Getränke von einem nahegelegenen *çay ocağı* herbeigeholt werden müssen. Es ist durchaus üblich, am Arbeitsplatz, auf der Baustelle wie am Schreibtisch, nebenbei aus kleinen, bauchigen Gläsern den belebenden Trank zu schlürfen. Seit ich auf türkische Art Tee zubereite, mag ich keinen Beutelaufguß mehr.

Auch wenn der gläubige Muslim ihn verschmäht, auf Alkohol müssen Sie in der Türkei dennoch nicht verzichten. Wein, Bier, *rakı* aus einheimischer Produktion sind recht gut und nicht teuer. Von Staats wegen besteht keine Prohibition. Allerdings haben längst nicht alle Speisekolake die Schanklizenz, und nur so »einen heben«, ohne etwas dazu zu essen, zumindest *meze*, käme einem Türken nicht in den Sinn. Ausnahmen kann es in Touristenzentren geben. Das Jugendschutzgesetz verbietet auch, daß in Gegenwart von Kindern und Jugendlichen unter 18 Jahren Alkohol ausgeschenkt wird; im einfachen türkischen Familienrestaurant werden Sie deshalb oft nicht einmal ein Bier zum Essen bestellen können. Sich in der Öffentlichkeit betrunken zu zeigen, ist verpönt. Autofahrer sollten sich schon nach einem Gläschen nicht mehr ans Steuer setzen. In der Praxis beobachtet man allerdings nicht selten gesetzwidriges Verhalten nach dem Motto »*Bir şey olmaz!*«

Und nun: »Ober, bitte zahlen!« Die Rechnung heißt *hesap*. Das Wort hat, wie ja die »Abrechnung« im Deutschen auch, mehrere Bedeutungen, unter anderem Bankkonto, Sparbuch.

Gezahlt wird am Tisch immer »zusammen« (anders beim Stehimbiß, wo Vorauszahlung an der Kasse üblich ist). Die Vorstellung, daß eine gemeinsame Tischrunde am Ende getrennte Rechnungen verlangt, ist einem türkischen Ober fremd. Und nicht nur ihm: Sollten Sie einmal mit türkischen Bekannten ein Restaurant besuchen, so versuchen Sie ja nicht, Ihr Portemonnaie zu zücken, auch nicht nach Verlassen des Lokals. Das ginge gegen die »Ehre« dessen, der sich im Moment als Ihr Gastgeber fühlt. Erwartet wird jedoch, daß Sie sich irgendwann und irgendwie großzügig revanchieren, sei es durch eine Gegeneinladung, ein Geschenk, ein Päckchen aus Deutschland, eine Hilfeleistung.

Trinkgelder? Ja, die sind üblich. Die Löhne (ein Kellner in einem Mittelklassehotel verdient umgerechnet zirka 300 DM monatlich) werden vom Arbeitgeber schon so kalkuliert, daß das Personal auf Trinkgeld angewiesen ist. Wenn Sie, als Faustregel, 10 Prozent dazulegen, selbst wenn die Rechnung als solche schon »Prozente« enthält, stimmt's. *Oldu* – in Ordnung; *üstü kalsın* stimmt so.

Bismillahirrahmanirrahim

Die bunten Aufkleber über dem Armaturenbrett, am Handschuhkasten oder oben auf der Windschutzscheibe mit dem schier unaussprechlichen Endloswort in arabischen oder lateinischen Buchstaben ähneln optisch jenen vor Jahren beliebten urbayerischen Autofahrerflüchen, Sie wissen schon... sakralecktsmikreizverreck... Türkische Fahrer bevorzugen frommere Botschaften; ganz unblasphemisch heißt das Sprüchlein: »Im Namen Allahs, des allerbarmherzigsten Erbarmers«, womit der gläubige Muslim jegliche Tätigkeit beginnt, vom ersten Spatenstich über das Eintauchen des Löffels in die Suppe bis hin zum Beischlaf.

Inwieweit der Islam, zu dem sich auf dem Papier etwa 99 Prozent der Bevölkerung bekennen, wirklich noch das moderne gesellschaftliche Leben prägt, wird sich jeder fragen, der das Land etwas länger kennt. Laut Verfassung ist die Türkei ein weltlicher Staat. Kemal Atatürk, der Begründer der Republik Türkei und ihr erster Präsident, hat sowohl die Scharia, das islamische Recht, abgeschafft als auch das Kalifat: Die strikte Trennung von religiösen und staatlichen Belangen, *laiklik* genannt, gehört seither zu den unaufhebbaren Grundlagen der türkischen Verfassung. Religionsausübung soll Privatsache sein, vom Staat weder gefördert noch behindert – was sich in der Praxis nur mit der in meinen Augen typischen türkischen Kompromißbereitschaft verwirklichen läßt.

So sind zwar die religiösen Orden und Klöster verboten, aber die Tanzenden Derwische von Konya, die Überreste des Mevlana-Ordens, werden als Touristenattraktion oder, sagen wir es verständlicher: »zur Pflege des kulturellen Erbes« geduldet. Und mit staatlichen Mitteln werden Denkmäler islamischer Baukunst, wie etwa die Sultan-Ahmet-Moschee, die »Blaue«, die kein Museum ist, sondern ein vielbesuchter Gebetsort, renoviert. Die islamischen Geistlichen, vom *muezzin* (Gebetsrufer) über den *imam* (Vorbeter, Pfarrer) bis hin zum Leiter der Obersten Geistlichen Behörde (*Diyanet Işleri Başkanlığı*), sind Staatsbeamte, und in den Schulen ist »Religionskultur« Pflichtfach, von dem sich erklärte Atheisten nur unter Schwierigkeiten befreien lassen können. Andererseits fällt am Freitag, an dem alle männlichen Muslime nach dem Koran verpflichtet sind, das Mittagsgebet in der Moschee zu verrichten, nicht etwa der Unterricht aus. Und ein Lehrer, der seine Schüler zum Beten schicken würde, könnte mit einem Disziplinarverfahren rechnen. Dennoch schließen an den beiden großen religiösen Festen, *Ramazan Bayramı* und *Kurban Bayramı*, sowohl die Schulen als auch Behörden und Banken für drei bis vier Tage. Verwirrend ist das schon. Die Debatte darüber, wie das Prinzip *laiklik* richtig zu handhaben sei, entbrennt demgemäß in der türkischen Öffentlichkeit alle halbe Jahre wieder.

Die Vorstellung, daß Religion sich im »stillen Kämmerlein« abzuspielen habe, ist ganz und gar unislamisch. Der Islam will alle Lebensbereiche erfassen und das gesamte gesellschaftliche Leben prägen. Als Richtschnur gelten der Koran und das Beispiel des Propheten Muhammed. Sollte sich jedoch jemand einfallen lassen, in der Türkei den Gottesstaat à la Khomeini auszurufen, würde wohl unverzüglich das Militär als Garant der laizistischen Verfassung eingreifen.

So blieb denn auch eine »islamische Revolution« aus, als die RP (Wohlfahrtspartei) bei den Parlamentswahlen im Dezember 1995 mit 21,4 Prozent die stärkste Fraktion wurde und ihr Vorsitzender Necmettin Erbakan nach langem Tauziehen im Juli 96 eine Koalitionsregierung mit der DYP (Partei des Richtigen Weges) bildete. Der erste islamistische Ministerpräsident in der Geschichte der Republik Türkei legte vorschriftsmäßig den Eid auf die Verfassung ab und besuchte mit Blumen das Grab Atatürks. Er versprach, alle Verträge mit dem Westen zu halten und machte keinerlei Anstalten, das islamische Zinsverbot sowie den Schleier für alle Frauen durchzusetzen.

Das beste Beispiel dafür, daß islamische Grundsätze von der neuen Regierung nicht allzu streng befolgt werden, war der Verzicht auf die Aufklärung des Verdachts der ungerechtfertigten Bereicherung im Amt, der gegen die frühere Ministerpräsidentin und neue Außenministerin Tansu Çiller, ohne die die Koalition nicht zustande gekommen wäre, bestand. Vielleicht nimmt es der Westen aufatmend zur Kenntnis, daß sich der politische Islam in der Türkei nicht allzu fundamentalistisch gebärdet, doch die Wähler sind schwer verärgert, denn bis dato galten die Muslime der RP als Saubermänner und moralische Hoffnung in dem von Korruptionsskandalen erschütterten Land.

Nun sammeln sich aber längst nicht alle Muslime um die RP oder die verbeamtete Geistlichkeit. Vielmehr praktizieren diverse »Wohltätigkeitsvereine« und Bruderschaften in der Grauzone der Legalität unter der Führung eines *hoca* (Lehrers) oder *şeyh* (religiösen Führers) den »wahren«, sprich: fundamentalistischen Islam und hoffen darauf, den Gottesstaat eines nicht allzu fernen Tages errichten zu können. Bis es soweit ist, bauen sie aus Spendengeldern Moscheen (die 1500 neuen Moscheen jährlich gehen weitgehend auf ihr Konto), finanzieren Korankurse und Schülerwohnheime für die ärmere Bevölkerung und vernachlässigen auch das eigene wirtschaftliche Fortkommen nicht.

Die Angehörigen dieser Gruppen, die Gewalt angeblich ablehnen, versuchen die Wirtschaft, die Staatsverwaltung, die Medien sowie ihren größten Gegner, die Armee, zu unterwandern. Letztere ist jedoch wachsam; in alljährlich wiederkehrenden »Säuberungen« des Offizierscorps entlarvt sie diejenigen, die die Soldaten zum Beten verführen wollten, und schließt sie aus.

Auf das Konto radikaler islamischer Organisationen, die im Untergrund und vermutlich mit Unterstützung aus dem Ausland agieren, gehen die unaufgeklärten Morde an Professor Muammer Aksoy, an den Journalisten Uğur Mumcu, Çetin Emeç und Turan Dursun, dem Schriftsteller Onat Kutlar, der Dozentin Bahriye Üçok und anderen Intellektuellen, die sich für eine demokratische, säkulare Gesellschaftsordnung ohne Tabus eingesetzt hatten.

Auf der »linken«, also der unorthodoxen Seite des islamischen Spektrums befinden sich die Aleviten, die über ein Viertel der Gesamtbevölkerung ausmachen. Sie sind Muslime, befolgen aber die Sunna nicht, das heißt, sie beten weder in der Moschee noch fasten sie im Ramadan; dafür werden aber Herzensreinheit und Brüderlichkeit betont. In der Öffentlichkeit fallen sie meistens erst auf, wenn es wieder einmal zu blutigen Zusammenstößen mit Fanatikern der sunnitischen Mehrheit kommt, wie in Sivas (1993).

Politisch stehen die Aleviten, die schon unter den Osmanen große Volkserhebungen inszenierten, links. Sie haben berühmte lyrische Dichter hervorgebracht: Hacı Bektaş-ı Veli, Yunus Emre und Pir Sultan Abdal. In der Gegenwart kommen Volkssänger wie Arif Sağ und Aşık Veysel aus ihren Reihen. Auch der gnadenlose Kritiker des Establishments, der Schriftsteller Aziz Nesin, stand ihnen nahe.

Wie gesagt, in der Öffentlichkeit präsentiert sich allein der sunnitische Islam mit seinen Moscheen, von deren Minaretten fünfmal täglich der Gebetsruf ertönt:

»*Allahu ekber...* Allah ist der Größte. Ich bekenne, daß es nur einen Gott gibt, ich bekenne, daß Muhammed sein Gesandter ist. Kommt herbei zum Gebet, kommt herbei zur Freude. Allah ist einzigartig«, so ruft der *muezzin*, meist durch Lautsprecher verstärkt, damit der *ezan*-Ruf den Verkehr übertönt. Die Gebetszeiten richten sich nach dem Sonnenstand: in der Morgendämmerung, am hohen Mittag, nachmittags, kurz nach Sonnenuntergang, bei völliger Dunkelheit. Wenn Sie in Ihrem Urlaub vielleicht anfangs vom Morgen-*ezan* aus dem Schlaf geschreckt werden, lassen Sie es sich nicht verdrießen. Nutzen Sie die Gelegenheit, den Sonnenaufgang zu erleben und in der Stunde der Dämmerung zu meditieren oder spazierenzugehen – oder drehen Sie sich glücklich noch einmal herum, um weiterzuschlafen. Für die Gläubigen allerdings singt der *muezzin* in der Frühe: »Das Gebet ist besser als der Schlaf.« Ganz Eifrige eilen dann zur Moschee, doch ist das Gebet an keinen Ort gebunden. Wo immer, sei es zu Hause, sei es auf dem Feld, »beim Reiten« (wie der Koran sagt) oder im Bus – wichtig ist die Verrichtung zur rechten Zeit.

70000 Moscheen gibt es in der Türkei, die meisten sind schlichte Gebetsstätten, andere groß und berühmt wie die Sultan-Ahmet- und die Süleymaniye-Moschee in Istanbul oder die Selimiye-*camii* in Edirne. Die beiden letztgenannten sind technische und ästhetische Meisterwerke des Architekten Sinan, der in seinem langen Leben (1490–1588), in dem er vier Osmanenherrschern diente, nicht nur 84 Moscheen und 51 kleinere Gebetsräume erbaut hat, sondern auch 57 Hochschulen, 33 Paläste, 22 Mausoleen, dazu Karawansereien, Armenküchen, Krankenhäuser, Wasserleitungen, Bäder und unzählige Brunnen.

Selbst die kleinste Moschee hat in ihrem Vorhof einen Brunnen oder Wasserspeicher für die rituellen Waschungen (Hände, Arme, Gesicht, Füße). Es ist nicht verboten, sich dort »einfach so« zu erfrischen, den Staub und den durch die sommerliche Hitze hervorgerufenen Schweiß unterm kühlen, rinnenden Naß abzuspülen. Unvergeßlich, wie mir mein Mann auf unserer ersten Reise an einem Moscheebrunnen in Bursa die größten, reifsten Pfirsiche wusch!

Oft gehören zum Moscheekomplex auch Wandelhallen und Innenhöfe, Unterrichts- und Bibliothekszimmer, Läden, eine Küche, ein Gästehaus, sanitäre Einrichtungen und Grabstätten: da wird für den Menschen in seiner leib-seelischen Ganzheit gesorgt. Die Moschee möchte immer auch ein Ort der Entspannung und Erholung sein. Vielleicht gelingt es Ihnen, sich dem Zauber eines solchen Raumes hinzugeben; im Schatten einer Säule, vor einer Fensternische von den Strapazen des Tages auszuruhen, sich zu versenken, wenn es sich zufällig ergibt, dem gesungenen Gebet oder einer Koranlesung beizuwohnen.

Eine Moschee ist kein Museum – doch die meisten Türken haben Verständnis dafür, daß den Besucher aus Europa Kuppeln und Gewölbe faszinieren, daß er die Fayencen an den Wänden und das Schnitzwerk der Kanzel fotografieren möchte. Zur Gebetszeit sollten Sie eine Moschee jedoch nicht »besichtigen«, sich allenfalls still im Hintergrund halten. Unbedingt vermeiden sollten Sie, vor einem Betenden vorbeizulaufen, denn dadurch würde sein Gebet ungültig. Daß aus Ehrfurcht vor dem heiligen Ort und wegen der oft kostbaren Teppiche die Schuhe am Eingang ausgezogen werden, versteht sich von selbst. Auch kennen die Türken, die sonst bei Touristen die freizügigste Kleidung tolerieren, in der Moschee kein Pardon. Frauen brauchen ein Kopftuch und müssen Oberarme, Ausschnitt und nackte Beine verhüllen. Männer in Shorts sind ebenfalls unerwünscht. Vor größeren Moscheen, die häufig von »Ungläubigen« heimgesucht werden, liegen Baumwolltücher zum Ausleihen bereit.

Im Eingangsbereich großer Moscheen umschwirren fliegende Händler die hereinströmenden Reisegruppen; sie verkaufen, wie die Devotionalienbuden an christlichen Wallfahrtsorten, Kleinigkeiten, die sich als Mitbringsel eignen: echtes Rosenöl in winzigen Fläschchen, gehäkelte Käppchen, Postkarten mit Koranversen, Lederstrümpfe und die Gebetsschnüre, die dem katholischen Rosenkranz ähneln, der in der Zeit der Kreuzzüge diesem islamischen Vorbild abgeschaut wurde. Wo immer Sie, sei es im Café, sei es im Bus oder beim Warten auf der Behörde, einen Mann mit so einem *tesbih* spielen sehen, ist das jedoch selten ein Zeichen von Frömmigkeit, vielmehr von Ungeduld. Das *tesbih* gehört paradoxerweise sogar zu den Requisiten des *kabadayı* (wörtlich »grober Onkel«). In türkischen Leinwandreißern verkörpert dieser Typ den brutalen Schläger, Zuhälter, Rauschgifthändler. Wenn der *kabadayı* mit seinem *tesbih* spielt, verheißt das Gefahr, dann plant er etwas. Doch werden in Filmen auch Bauern, die vom Land in die Stadt kommen, mit dem *tesbih* ausgestattet. Hier signalisiert es Naivität, Rückständigkeit.

Natürlich kann man anhand der Perlenschnüre, die in der Moschee auf dem Boden herumliegen, auch beten. Dabei werden kurze Formeln öfter wiederholt, wie das beim Rosenkranz ebenfalls üblich ist – eine Volksandacht.

Daß die Moscheen, die Orte des gemeinschaftlichen Gebets, heutzutage wie reine Männerversammlungsräume wirken, während den Frauen höchstens die Empore oder ein abgetrenntes, dunkles Eckchen im Hintergrund bleibt, unterstreicht aufs schönste das Klischee vom patriarchalischen Islam. Eine Handvoll islamischer Theologen und Theologinnen kämpft – wahrscheinlich vergeblich – darum, den Koran und das Leben des Propheten Muhammed endlich wieder genau zu studieren; von der behaupteten und leider heute weithin noch praktizierten »frauendiskriminierenden Tendenz des Islam« würde nichts mehr übrigbleiben.

Selbst die beflissen zitierten Sätze: »Doch die Männer sind eine Stufe über ihnen« (Sure 2,228) oder »Die Männer sind die Verantwortlichen für die Frauen, weil Gott die einen von ihnen mit mehr Vorzügen ausgestattet hat als die anderen« (Sure 4,34) ergeben nur dann, wenn man sie aus dem Zusammenhang reißt, einen »Beweis«. Berühmte Kommentare wie die von Siddiqui, Qutb, Yusuf Ali sind sich darin einig, daß die angeblichen Vorzüge in Wirklichkeit eine Verpflichtung der durch die einstige Rechts- und Wirtschaftsordnung im allgemeinen bevorzugten Männer bedeutete, die Frauen materiell und sozialgerecht, ja großzügig zu behandeln. Ebenso war eine reiche Frau dazu verpflichtet, für ihren Mann zu sorgen. Viele Einzelregelungen im Koran, etwa die Unterhaltspflicht oder die Abfindung im Fall der Scheidung, illustrieren die fürsorgliche Grundhaltung.

Wichtiger als alle Details ist der Grundton, der auf die Anerkennung der Frau als Mensch hinausläuft – wahrhaftig ein Gedanke, der heute ebenso revolutionär ist, wie er es zur Zeit des Propheten war. So heißt es in Sure 16,97: »Wer das Rechte tut, sei es Mann oder Frau, wenn er nur gläubig ist, den wollen wir lebendig machen zu einem guten Leben und wollen ihn belohnen für seine Werke.« Daraus folgt natürlich, daß Männer und Frauen die gleichen religiösen Pflichten haben: das Bekenntnis zu Allah, das tägliche fünfmalige Gebet, Fasten im Monat Ramadan, Abgaben an die Armen, Pilgerfahrt nach Mekka. Übrigens beten in Mekka alle Gläubigen in »bunter Reihe«, nicht nach Geschlechtern getrennt, weil sie sich hier im sündenlosen Zustand befinden – wie im Paradies.

Als sicherstes Zeichen der Frauenunterdrückung im Islam gilt westlichen Beobachtern der Schleier. Nun schreibt der Koran an sich keineswegs bestimmte Kleidungsstücke vor, sondern spricht vom »Bewahren der Scham« und vom »Verhüllen des Schmucks am Körper« (Sure 24,31). Die relevanten Koranverse werden von männlichen Interpreten jedoch vorwiegend restriktiv ausgelegt, um Frauen durch die Kleidung zu diskriminieren und vom öffentlichen Leben fernzuhalten. Möglicherweise geht die Rechnung in der heutigen Türkei bald nicht mehr auf. Viele Studentinnen, junge Frauen aus dörflichen Familien, wählen den Schleier auf der Suche nach ihrer Identität in den anonymen, verwestlichten Großstädten wie Ankara oder Istanbul.

Die türkische Sozialwissenschaftlerin Nilüfer Göle meint: »Wenn sie verschleiert sind, richtet sich schnell die Aufmerksamkeit auf sie, und sie fangen an, in islamischen Zeitschriften zu schreiben und am politischen Leben ihrer Vereine teilzunehmen. Eines Tages werden sie zur intellektuellen Schicht gehören – sehr im Gegensatz zum klassischen Bild von der islamischen Hausfrau, die stets im Hintergrund bleibt.«

Die RP verdankt ihren Wahlerfolg vom Dezember 1995 (s. o.) zum Teil den verschleierten Wahlhelferinnen, die von Haus zu Haus gingen und um die Stimmen der Frauen warben. Auf den Kandidatenlisten fanden sich gleichwohl nur Männer, worüber es in der Partei zur offenen Auseinandersetzung kam, denn die Frauen wollen sich nicht mehr mit dem Platz im Schatten begnügen.

Die zwiespältige Haltung des islamischen Establishments in der Frauenfrage zeigt sich auch an den Imam-

Hatip-Gymnasien. Diese ursprünglich für die Ausbildung von Geistlichen (*imam*) gedachte Form der höheren Schule erfreut sich zunehmender Beliebtheit. Sie kostet nämlich kein Schulgeld und bietet neben Arabisch und Islamkunde einen qualifizierten Fachunterricht, was sich an der Zahl der Absolventen, die von dort aus die Aufnahme an die Universität schaffen, messen läßt.

Vergleichbar etwa mit den Klosterschulen, sorgen die Imam-Hatip-Gymnasien nicht bloß für geistlichen Nachwuchs, sondern ermöglichen Kindern vom Land, die in den angeschlossenen Internaten wohnen können, überhaupt erst eine höhere Schulbildung und den Zugang zum Studium. Erstaunlich hoch ist der Anteil der Mädchen (rund 50 Prozent). *Imam* oder *muezzin* dürfen diese trotz Abitur nicht werden; hier ist der Islam wieder ganz Männerwelt. Nur in einer reinen Frauengruppe vorzubeten oder den Koran vorzulesen, ist auch einer Frau erlaubt. Viele Mädchen schließen an die Schule eine weitere Ausbildung an, um Beamtin, Lehrerin zu werden oder Ärztin, Juristin; das sind die beliebtesten weiblichen Studiengänge.

Wer Religionslehrer, Prediger oder höherer Geistlicher werden will, muß die theologische Fakultät der Universität besuchen. Dort beträgt der Anteil der Studentinnen immerhin noch 10 Prozent. Mein Sohn hatte einmal am staatlichen Gymnasium im Religionsunterricht (zwei Wochenstunden) eine solche Theologin und berichtete eines Tages grinsend, sie sei »verflixt feministisch« gesinnt, worauf ich, neugierig geworden, die Sprechstunde besuchte. Ich lernte eine selbstbewußte Frau kennen, die sich auf Ayşe berief, die jüngste Witwe Muhammeds. Zu ihren Lebzeiten eine Autorität in der

Auslegung der *hadis* (Aussprüche des Propheten), hatte sie auch als Richterin gewirkt und den Kalifen Osman wegen seiner Vetternwirtschaft öffentlich zur Rechenschaft gezogen, ja, sogar in dem – von ihr ungewollt – daraus entstehenden ersten Bürgerkrieg der islamischen Geschichte von einer Kamelsänfte aus ihre Streitkräfte angeführt. Solche energischen Frauen waren in der Frühzeit des Islam keine Seltenheit.

Es ist der 24. Dezember, in Izmir ein strahlender Tag mit Mittagstemperaturen von über 20 Grad. Im Garten sind die Mandarinen reif. Das Telefon klingelt, Anruf aus Deutschland: »Fröhliche Weihnachten!« Ich habe Zimtsterne gebacken, wenigstens das. Als die Kinder aus der Schule kommen, beraten wir, ob wir eine kleine Zypresse im Garten mit Kerzen und Kugeln schmücken sollen. »Muß nicht sein, Mamie.« Die Kinder verspüren kaum noch Sehnsucht nach deutschen Weinachtsbräuchen. Daß die Oma ein Päckchen mit Büchern geschickt hat, ist trotzdem »prima«. Im Radio Volkstänze, Schlagermusik. Hatte ich etwa Weihnachtslieder erwartet?

Ähnlich muß es den Türken in Deutschland ergehen, wo an ihren höchsten religiösen Feiertagen in der umgebenden Gesellschaft der banale Alltag abläuft; wo es weder schulfrei noch arbeitsfrei gibt – und aus diesem Grund auch nicht genommen werden kann, so daß man, um das Festgebet nicht zu versäumen, »krank feiern« muß. Aber erzählen wir lieber, wie die Feiertage in der Türkei begangen werden, vielleicht wird dann deutlich, wonach sich ein Gastarbeiter in Deutschland sehnt.

Ramazan Bayramı kommt eher still, nach vier Wochen Fasten. Im Ramadan, dem Monat, in dem die erste

Offenbarung des Korans herabgesandt wurde, dürfen die Gläubigen zwischen Sonnenaufgang und Sonnenuntergang weder essen, trinken noch rauchen, auch keine Medikamente einnehmen. Allerdings sind Kranke ebenso wie stillende Mütter, Kinder und Reisende vom Fasten befreit. Von Erwachsenen wird jedoch erwartet, daß sie das Versäumte nachholen.

Ob es denn nicht wahnsinnig sei, sogar aufs Trinken zu verzichten, und ob nicht ein Raucher schrecklich leiden müsse, wurde ich ebenso gefragt, wie spöttisch auf die »große Fresserei« des Abendessens, die alle Fastendisziplin doch lächerlich mache, hingewiesen.

Bei diesen Abendmahlzeiten im Familienkreis, zu denen gerne auch Freunde eingeladen werden, ist der Tisch tatsächlich reichlicher gedeckt als sonst. Mehrere Gänge sind die Regel; auf eine Suppe folgen Gemüse, Fleisch, *pilav* oder Nudeln, *cacık*, Kompott oder frisches Obst. Sich zu überessen, ist indes nicht ratsam, zumal später zusätzlich zum Nachtgebet zwanzig Niederwerfungen beim *teravih namazı*, einem speziellen Gebet im Ramadan, zu verrichten sind. Diese nächtliche Gebetsübung, zu der auch die Frauen in die Moschee kommen, ist ein auf das Vorbild des Propheten Muhammed zurückgehender Brauch. Es bedarf schon einiger Willensanstrengung, sich nicht statt dessen mit Mokkatasse und Zigarettchen vor dem Fernseher auszustrecken, der gerade im Ramadan ausgesuchte spannende und lustige Unterhaltungssendungen bietet.

Je länger man den Fastenmonat einhält, um so leichter fällt die rein körperliche Übung gegenüber dem, was man sich weitgehend selbst abverlangen muß an geistigen »Exerzitien«. Wenn in der Predigt etwa ermahnt wird, man solle seinen Zorn oder sein böses Klatschmaul im Zaum halten, so gibt das die Richtung an. Die körperliche Enthaltung soll zu spiritueller Wachheit führen. Demselben Zweck dienen der kurze Nachtschlaf und das Aufstehen lange vor Morgengrauen. Es wird ein Frühstück verzehrt, bei dem nicht die Kalorien das wichtigste sind, sondern die Aufnahme von reichlich Flüssigkeit, denn der Körper soll nicht austrocknen. Sich nach Meditation und Morgengebet noch einmal zum Schlafen hinzulegen, ist üblich.

Der Urlauber wird in den Touristikzentren vom Ramadan in der Regel wenig merken. In kleineren Orten kann es dagegen vorkommen, daß tagsüber die Speiselokale geschlossen sind; zu verhungern braucht trotzdem niemand. Im Kaufladen bekommt man immer Brot, Käse, Getränke, Konserven. Mit Rücksicht auf die Fastenden sollten Sie nicht gerade in aller Öffentlichkeit Ihren Hunger oder Durst stillen.

Es fasten längst nicht alle Türken, und es gibt keine Instanz, die das Einhalten religiöser Vorschriften überwachen dürfte, am allerwenigsten der Staat. Als letzthin der Bürgermeister einer Kleinstadt Leuten, die im Ramadan auf der Straße geraucht hatten, ein Bußgeld auferlegte, riefen die Betroffenen ein Gericht an, das entschied: Es sei mit dem Prinzip des *laiklik* unvereinbar, religiöse Gebote mit staatlichem Zwang durchzusetzen.

Wenn nach vierwöchigem Fasten *Ramazam Bayramı*, das volkstümliche *Şeker Bayramı* (Zuckerfest, weil die Kinder mit Bonbons beschenkt werden) gefeiert wird, sollte im Idealfall der Mensch um ein paar Kilo leichter sein, sich gesund fühlen (hat er doch viele Giftstoffe ausgeschieden) und etwas Geld gespart haben für die Armenspende, die jetzt zu leisten ist. Daß Hunger weh tut, hat jeder am eigenen Leib erfahren.

Wie zu *Ramazan Bayramı*, so ist es auch am Opferfest, *Kurban Bayramı*, üblich, Verwandte zu besuchen oder im größeren Familienverband an einen Urlaubsort zu fahren, so daß längere Zeit vorher alle Plätze in Überlandbussen, Schiffen, Flugzeugen und eventuell Hotels ausgebucht sind. Der Tourist täte gut daran, sich zu Hause schon zu informieren, auf welche Termine diese beweglichen religiösen Feiertage fallen. Da der islamische Kalender (der bis auf die hohen Festtage in der Türkei abgeschafft ist) dem Mondjahr folgt, das elf Tage kürzer ist als das Sonnenjahr, bewegen sich sowohl der Ramadan mitsamt dem *Ramazan Bayramı* als auch *Kurban Bayramı* langsam durch alle Jahreszeiten hindurch.

Aus Anlaß des Festes fahren wir meistens zu den Eltern meines Mannes aufs Dorf. Meine Schwiegermutter weiß viel besser als ich, wie man das Fleisch zerteilt (ein Drittel bekommen die Nachbarn, ein Drittel die Armen), wie man Würstchen, gefüllten Schafsmagen, gekochten Kopf und alle die Spezialitäten auf offenem Feuer und im Lehmbackofen bereitet. Es ist dieses Gemisch aus Gerüchen, Ritualen, Geräuschen und Gefühlen, das mein Mann mit seiner Kindheit verbindet.

Statt Geschenke auszutauschen, werden neue Kleider und Schuhe angeschafft. Dafür gibt es von den Arbeitgebern im allgemeinen einen Lohnzuschlag. Vor den Festtagen wird entsprechend mehr eingekauft, wenn auch mit anderem Konsumschwerpunkt als in Deutschland etwa vor Weihnachten. Rummel, ja Chaos kommt lediglich im Straßenverkehr auf, weil, wie gesagt, jedermann mit seiner »Großfamilie« zusammensein will.

In den letzten Jahren ist es Mode geworden, Grußpostkarten zu verschicken. Landschaften, Blumensträuße, Moscheen oder Kalligraphie sind beliebte Motive. Neuerdings finden Glanzfotos von Brad Pit und Madonna neben den türkischen Schlagersängern und Filmstars reißenden Absatz. Fragen Sie nicht, was Tarkan, Sezen Aksu oder Nilüfer mit *Kurban Bayramı* zu tun haben.

Wer es eindeutiger möchte, kann ja »Abrahams Opfer« wählen. Vor Jahren habe ich eine solche Karte entdeckt, die ich so »schön« fand, daß ich seither türkische Kitschpostkarten sammle. Auf der naiv realistischen Darstellung des unbekannten Malers schwingt ein bärtiger Abraham ein riesiges Messer, während im Hintergrund aus türkisfarbenen Wolken das Lamm heranschwebt, das anstelle des »süßen« kleinen Isaak geschlachtet werden soll.

Auch wenn, strenggenommen, diese Postkarte zu *Kurban Bayramı* gar nicht verschickt werden dürfte, weil der Islam die bildliche Darstellung von Menschen verbietet: Hier wird der Ursprung des Festes angedeutet. Abraham, Ibrahim, auf den sich wie Juden und Christen auch die Muslime berufen, gilt im Koran als das Urbild eines Gläubigen. Sein Bekenntnis heißt: »Ich ergebe mich dem Herrn der Welten« (Sure 2,131). »Hingabe an Gott« ist die wörtliche Bedeutung von »Islam«.

Frauen, Männer, Großfamilie

Während einer Gesprächsrunde über deutsch-türkische Probleme in einer schwäbischen Kleinstadt (ich hatte aus meinen Büchern vorgelesen) ergriff auch eine Soziologiestudentin das Wort. Sie sprach witzig, argumentierte, überzeugte und fügte schließlich hinzu, daß sie selbst Türkin sei. Allgemeines Erstaunen. Sie entsprach ganz und gar nicht dem gängigen Bild, das man sich in Deutschland von *der* Türkin macht: sie trägt Kopftuch, kann kein Wort Deutsch und geht auf der Straße drei Schritte hinter dem Mann. Es ist wohl auch schwer, diese Klischeevorstellung zu korrigieren, wenn Gegenbeispiele nicht ins Auge fallen. Sogar künstlerisch ausgezeichnete Filme wie *40 m² Deutschland* oder *Yol* rütteln kaum am feststehenden Frauenbild.

Daß es *die* Türkin nicht gibt, habe ich selbst erst im Laufe der Zeit im Land herausgefunden, wo ich Frauen aus allen Gesellschaftsschichten kennengelernt habe, schlichte Hausfrauen wie meine Schwägerinnen und die Nachbarinnen, ohne deren Hilfe ich wohl vor den mir schier unüberwindlich erscheinenden Schwierigkeiten des alltäglichen Lebens die Waffen gestreckt hätte. Sie zeigten mir, wie man ohne Waschmaschine wäscht, den rauchenden Ofen zum Brennen bringt, das verstopfte Klo ausräumt. Sie halfen mir türkisch kochen, weihten mich in die Geheimnisse des Koranlesens und der gesellschaftlichen Spielregeln ein und machten mir auch vor, wie die Türkin sich gegen das – gar nicht so übermächtige – Männerregiment durchsetzt.

In den Großstädten begegneten mir Ärztinnen und Professorinnen, Geschäftsfrauen, Journalistinnen und Künstlerinnen, aufgeklärte, selbstbewußte Frauen, politisch wache Kämpferinnen. Sicher, es liegen Welten zwischen meiner Freundin Tülay, der auf Ehescheidungen spezialisierten Rechtsanwältin in Istanbul, und einer anatolischen Bäuerin, die nicht mal lesen und schreiben kann. Gerade auf dem Lande – und nach Osten hin zunehmend – trifft man unter den erwachsenen Frauen noch auf viele Analphabeten. Seit neuerdings jedes Dorf eine Schule hat und die Lehrer streng darauf achten sollen, daß auch die Mädchen ihre achtjährige Grundschulpflicht erfüllen, anstatt kleinere Geschwister zu hüten, werden wohl in naher Zukunft alle Bauersfrauen Zeitung lesen und Briefe schreiben können. Ein ganz anderes Problem ergibt sich daraus, daß Mädchen aus ländlichen Regionen bislang selten in die nächste Stadt auf die Mittelschule oder aufs Gymnasium geschickt werden, erst recht nicht an die Universität. Insofern sind Stadtkinder deutlich bevorzugt.

Doch öfter als man denkt, stoßen die Welten sogar innerhalb einer Familie zusammen. Ein nicht geringer Prozentsatz (man müßte dies einmal genau ermitteln) der studentischen Jugend, vor allem der weiblichen, beginnt die Akademikerkarriere heute in der ersten Generation. Die Eltern sind vielleicht vom Dorf zugewandert, haben möglicherweise als Gelegenheitsarbeiter angefangen, während die Großeltern noch in archaischen Lebensumständen auf dem Land wohnten. Dem außenstehenden Betrachter entzieht sich dieser soziale Wandel, der die traditionellen gesellschaftlichen Formen aufbricht. Ihm wird das öffentliche Leben in der Türkei vorwiegend von Männern geprägt erscheinen.

Zwar begegnen dem Reisenden überdurchschnittlich oft Frauen in Dienstleistungsberufen: als Stewardeß im Flugzeug, als Polizistin, Bankangestellte, Nachrichtensprecherin, als Barkeeperin oder an der Hotelrezeption. Weniger ins Auge fällt der große Anteil von Frauen beim Lehrpersonal, und zwar auf allen Ebenen. An den Universitäten sind 20 Prozent aller C4-Professuren weiblich besetzt (in Deutschland dagegen etwa 4 Prozent). In den staatlichen Orchestern sind Männer und Frauen zu gleichen Teilen vertreten. Das alles sind im wesentlichen neue Berufe, die den traditionellen Bereich nicht tangieren. Doch laut Statistik sind bereits 35 Prozent der Erwerbstätigen Frauen. Ja, wo versteckt sich denn dieses Millionen-Heer? Die Statistik sagt, zu drei Vierteln in der Landwirtschaft, hauptsächlich auf den großen Plantagen der West- und Südküste, etwa beim Reispflanzen, Rübenhacken, bei der Oliven-, Feigen und Baumwollernte. Im Teeanbaugebiet am Schwarzen Meer werden zum Pflücken ausschließlich Frauen eingesetzt. In meiner unmittelbaren Nachbarschaft in Izmir sehe ich Frauen in den Gewächshäusern Gurken stecken, Tomaten pflanzen, Nelken pikieren, Rosen schneiden und bündeln. Lauter Arbeiten, bei denen man sich dauernd bücken muß, die Hände aufplatzen und die Kleidung feucht wird.

Die Löhne sind haarsträubend niedrig (um die 10 Mark am Tag), und Sozialversicherungspflicht besteht in der Landwirtschaft erst nach 120 Tagen, ein Beschäftigungszeitraum, den die Saisonarbeiterinnen meistens nicht erreichen. Selbst wer das ganze Jahr über schuftet, dringt beim Arbeitgeber nicht auf sein Recht. »Ich traue mich nicht«, sagt Raziye, meine Zugehfrau, die zeitweise im Gewächshaus jobbt, »wenn ich etwas sage, nimmt der Patron eine andere.« Mit »Selbstverwirklichung« hat diese Form der Erwerbstätigkeit nichts zu tun. Die Frauen müssen in vielen Fällen zum Familienunterhalt beitragen, weil entweder der Verdienst der Männer nicht ausreicht oder Anschaffungen abzuzahlen sind. Junge Mädchen erarbeiten sich auf diese Weise oft die Aussteuer.

Wenn dagegen die Heldin des Buches *Kadının Adı Yok* (Die Frau hat keinen Namen) äußert: »Um stark zu sein, arbeite ich. Um zu beweisen, daß ich nicht geringer bin als sie [die Männer]. Von niemandem will ich abhängig sein; davor habe ich am meisten Angst, ich denke an meine Mutter... So will ich nicht werden, weder von Mann noch Frau will ich abhängig sein... Außerdem will ich zu etwas taugen, mein Gehirn gebrauchen... Versteht ihr nicht, ich will ich selbst werden...«, drückt sie damit die Ansicht einer privilegierten, weil akademisch ausgebildeten und gutverdienenden Minderheit aus. Die hier zitierte verkappte Autobiographie von Duygu Asena war ein Bestseller (mit 39 Auflagen innerhalb eines Jahres), ehe das Buch im April 1988 auf dem Index der jugendgefährdenden Schriften landete, weil es einige sexuelle Details zu freizügig erörtert. Hauptsächlich aus diesem Grund jedoch ist es bei der städtischen Jugend beiderlei Geschlechts so beliebt gewesen – während der feministisch kämpferische Aspekt eher in den

Medien Beachtung fand. Die Autorin erzählt die Geschichte einer Frau, die sich gegen Widerstände (schon der Vater findet, ein Mädchen hätte zu heiraten und damit basta) eine Ausbildung und eine leitende Position in einem Dienstleistungsbetrieb erkämpft.

Nun ist eine solche Karriere zwar selten, aber in der heutigen Türkei wieder nicht so singulär, wie Duygu Asena es darstellt. Das müßte die Autorin, die gleichzeitig Chefredakteurin der Frauenzeitschrift *Kadınca* (Auf Frauenweise) ist, eigentlich wissen. Ich bin jedesmal zu Monatsanfang gespannt, welche heißen Eisen anzupakken *Kadınca* sich wieder getraut hat. Zu ihrem Themenkatalog gehören unter anderem Rechtsfragen (Änderungen im Scheidungsrecht), Psychologie (die Angst des Mannes vor der ersten Nacht; Eifersucht), Tabus (Aktfotografie), berufliche Möglichkeiten (Frauen brechen in die männliche Berufswelt ein) und Politisches (Frauen demonstrieren gegen Menschenrechtsverletzungen).

Während der letzten Jahre ist die Auswahl an Frauenzeitschriften immer größer geworden; in den Städten kann man am Kiosk auch ausländische Journale kaufen. Abgelegene ländliche Regionen werden hingegen vom Abonnentenwerber bedient. Wohl auf diese Weise konnten islamisch-fundamentalistische Blätter in Inneranatolien zu den meistgelesenen Frauenzeitschriften aufsteigen.

Bekanntlich ist von der Gleichberechtigung auf dem Papier bis zur Durchsetzung in allen Lebensbereichen ein langer Weg, und das nicht nur in der Türkei. Selbst beruflich und privat emanzipierte Frauen haben da noch viel einzuklagen. Ich zitiere meine Freundin Tülay, die Istanbuler Rechtsanwältin: »Selbst wenn wir mit Tansu

Çiller sogar eine Frau als Regierungschefin vorweisen konnten – hat Deutschland etwa je eine Kanzlerin gehabt? –, was bedeuten schon einzelne Ministerinnen und Parlamentsabgeordnete gegenüber der ansonsten als Männerdomäne betriebenen Politik? Wer führt denn in der Wirtschaft, in der Verwaltung? An der Spitze eines Konzerns, einer Reiseagentur, einer Schiffswerft mal(!) eine Frau bleibt die Ausnahme, ebenso wie die Bürgermeisterin, die Polizeikommissarin. Weißt du, daß noch 1985 laut Verwaltungsgerichtsbeschluß eine Frau nicht Landrätin (*kaymakam*) werden durfte?« Doch, aber inzwischen haben sich die Frauen dieses Recht ebenso wie den Zugang zum Amt der Provinzgouverneurin (*vali*) erkämpft. Die erste Provinz unter weiblicher Führung ist (seit 1991) Muğla. Was Atatürk wohl dazu gesagt hätte, daß es so schwer ist, die alten Zöpfe aus patriarchalischer Vorzeit abzuschneiden, frage ich. »Atatürk wäre nicht erstaunt«, sagt sie, »der hat auch bis 1934 gebraucht, ehe er endlich seinen Landsleuten das aktive und passive Wahlrecht für Frauen abringen konnte.«

Tülay beweist aus ihrer Praxis als Scheidungsanwältin, daß selbst eine »frauenfreundliche« Gesetzgebung (seit 1988 gilt in der Türkei das Zerrüttungsprinzip und grundsätzlich unbegrenzte Unterhaltszahlung an den wirtschaftlich schwächeren Teil) der Lage der Frauen so lange nicht »gerecht« wird, wie diese nicht selbst ökonomisch unabhängig sind. »Von einer Unterhaltszahlung kannst du im Normalfall nicht leben. Die rasende Inflation macht selbst einen angemessenen Unterhalt binnen zwei Jahren zu einem lächerlichen Taschengeld.« Sie erzählt den erschütternden Fall, wie eine Geschiedene das ihr zugesprochene Söhnchen im Gerichtssaal einfach stehenließ mit dem Ausruf: »Ich kann ja kaum für mich selbst sorgen, was soll ich mit dem Kind?« Und berichtet von Frauen, die sich durchaus nicht scheiden lassen wollten, obwohl der Ehemann sie täglich verprügelte. Weil nach gängiger Vorstellung die Geschiedene zu den Eltern zurückkehren oder wieder heiraten müßte. Hier tritt zu den finanziellen Problemen noch das Problem gesellschaftlicher Normen. »Solange die alleinstehende Frau von den Leuten als ›Unperson‹ behandelt wird, nützt ihr das modernste Recht nichts«, drückt es Tülay *Hanım* recht kraß aus. Sie wird wissen, wovon sie spricht, denn sie lebt seit ihrer Scheidung allein.

Obwohl die Scheidungsquote im Landesdurchschnitt niedrig ist, fällt in den Großstädten nicht nur eine Zunahme auf, sondern auch die Tatsache, daß dort überwiegend Frauen die Scheidung einreichen, trotz aller zu erwartenden Nachteile. Der am häufigsten angeführte Grund ist Gewalttätigkeit des Ehemanns, der in seinem Verhalten wiederum das einzig wirksame Mittel gegen – wirkliche oder vermeintliche – Verschwendungssucht der Frau sieht. Während in Provinzstädten und Dörfern eine Ehe materiell und ideologisch von Verwandten und Nachbarn gestützt wird, wirkt sich in Großstädten das für die Türkei insgesamt noch untypische Phänomen der isolierten und somit störanfälligen Kleinfamilie aus.

Dennoch ist die Vorstellung, die meisten Türken lebten in patriarchalischen Großfamilien, keineswegs mehr zutreffend. Die klassische Struktur, in der unter der »Herrschaft« eines Elternpaares mehrere erwachsene Brüder mit ihren Frauen und Kindern in einer Haus- und Hofgemeinschaft leben, ist mit Ausnahme ländlicher Gebiete im Schwinden begriffen. Mir scheint derzeit eine Mischform die Regel zu sein, nach der sich erwachsene Kinder mit der Heirat aus dem Familienverband lösen, jedoch so, daß bei allen wichtigen Ereignissen und Entscheidungen mit der Unterstützung, Kontrolle oder Einmischung der Verwandtschaft gerechnet werden kann und muß.

Ernste Erkrankungen und Geburten machen es sogar unumgänglich, daß aus der Familie Hilfe kommt. In den Krankenhäusern ist das Personal so überlastet, daß die Pflege – Bettenmachen, Füttern, Waschen, Nachtwachen – von den Verwandten des Kranken übernommen wird, es sei denn, sie können eine teure Privatpflege bezahlen. Ich habe mich immer gewundert, wie schnell Patienten das Krankenhaus wieder verlassen. Unser Nachbar, Mehmet *Amca*, kehrte beispielsweise vier Tage nach seiner Gallenoperation nach Hause zurück. Seine Frau konnte ihn so viel besser versorgen, als wenn sie jeden Tag hätte ins Krankenhaus fahren müssen. Zum Fädenziehen hatte er dann noch einmal einen Termin.

Auch nach Geburten, die mehrheitlich in Geburtshilfestationen erfolgen – 40 Prozent der Frauen entbinden noch zu Hause –, sind Mutter und Kind schnellstens wieder daheim. Die Wochenpflege übernimmt die Schwiegermutter oder Mutter der jungen Frau. Nachbarinnen helfen beim Kochen, Putzen und Waschen, und sie sorgen dafür, daß die Wöchnerin mit dem Baby in der vierzigtägigen Schonzeit nicht allein bleibt. Neben dem mit Spitzenkissen und gestickten Decken geschmückten Doppelbett, aus dem der Ehemann währenddessen verbannt bleibt, sitzt ständig Besuch; es wird Tee getrunken, getanzt oder gebetet, je nach Grad der Frömmigkeit. In Thrakien, wo ich dieses Ritual mehrmals beobachtet habe, soll der »Rummel« böse Geister von der Wöchnerin und dem Neugeborenen fernhalten. Das Baby ist zu Anfang fest in ein großes Umschlagtuch eingewickelt, das Armen und Beinen keine Bewegungsfreiheit gewährt. Meine Schwiegermutter war entsetzt, daß ich meine Kinder frei strampeln ließ und prophezeite, aus den beiden Buben müßten *yaramazlar* (Nichtsnutze) werden. Nach Ablauf von 40 Tagen wird das Kind erstmals »ausgeführt«, was regional mit Bräuchen verbunden ist sowie mit einer Spende an die Armen.

Die Taufe kennt der Islam nicht. Der Vater oder ein älterer Verwandter nennt den Namen des Kindes und spricht ihm das Glaubensbekenntnis ins Ohr: »Ich bekenne, daß es nur einen Gott gibt, ich bekenne, daß Muhammed sein Gesandter ist.«

Die Mutter stillt das Kind oft bis zum zweiten Lebensjahr. Wenn es weint, wird es gefüttert und getragen. Auch der Vater und die Geschwister, Großeltern und Nachbarn kümmern sich um die »Paradiesvögelchen« und »Blumen Allahs«, die eigentlich nie scheu sind, selbst dann nicht, wenn sie von einem völlig fremden Menschen auf den Arm genommen werden. Die Kinder sind stets in das Familiengeschehen einbezogen; man läßt sie nicht allein. Das schlägt sich sogar in der Architektur nieder: ein separates Kinderzimmer ist allenfalls in modernen städtischen Wohnungen eingeplant. Am Abend werden die Kinder nicht ins Bett geschickt, sondern, solange sie klein sind, auf den Füßen gewiegt – wie gut, wenn es da eine geduldige Großmutter gibt –, und die größeren schlafen auf dem Sofa neben den schwatzenden und fernsehenden Erwachsenen ein. »Unpädagogisch«, »ungesund«? Vielleicht bildet gerade jene

Gewohnheit den Menschentyp heraus, dem Gemeinschaft mit anderen wichtiger ist als ungestörtes Fürsichsein. Allein sein wollen stößt bei Türken auf Unverständnis. Verwandte und Nachbarn fragten mich immer besorgt, ob ich denn »krank« sei, wenn mir der Trubel zu groß wurde und ich das Bedürfnis hatte, mich zurückzuziehen.

Wie man die Kranken in ihrem Bett nicht in Ruhe läßt, sowenig überliefert man die Alten, insbesondere wenn diese hilflos werden oder verwitwet sind, der Einsamkeit. Es gibt zwar Heime, städtische, staatliche und – recht komfortable – private, aber dort wohnen bloß die Unglücklichen, die wirklich niemanden haben. Meine noch rüstigen Schwiegereltern verbringen den Sommer lieber im Dorf. Im Winter jedoch, wenn in Mittelanatolien der Schnee meterhoch liegt, schließen sie Haus und Hof zu und besuchen monatelang reihum ihre verheirateten Kinder. Zu befehlen haben alte Eltern in diesem Fall nichts; die patriarchalische Familienstruktur erlischt, sobald die erwachsenen Nachkommen einmal eigene Haushalte gegründet haben. Die Hilfe der Alten wird allgemein begrüßt. In vielen Familien ist die Berufstätigkeit einer Frau bloß möglich, weil die Oma den Haushalt »schmeißt«.

Beim Vergleich von Statistiken wurde mir offenbar, daß eine Reihe von Dienstleistungen, die in den westlichen Industrieländern bezahlte Kräfte außer Haus übernehmen, wie Kranken- und Wochenpflege, Alten- und Kinderbetreuung, psychologische Gruppenarbeit (unter den Nachbarinnen), Herstellung von Kleidung, Teppichen und Nahrungsvorräten, in der Türkei noch die Familie erbringt, vorwiegend die Frauen. Diese Tätigkeiten gehen in keine Berechnung zum Prokopfeinkommen oder Bruttosozialprodukt ein, sie werden von den Menschen hier auch nicht als »Arbeit« angesehen. Es dauert vielleicht noch lange, bis der Mann, dessen Stolz es heute ist zu sagen: »Meine Frau arbeitet nicht«, die Tatsachen anerkennt und formuliert: »Meine Frau trägt zum wirtschaftlichen Aufschwung des Landes bei.«

Der Generationenvertrag in der Türkei baut ganz real auf die Nachkommenschaft jedes Bürgers. Eine kinderlose Ehe gilt als großes Unglück und ist so gut wie nie die frei gewählte Lebensform. Mit der Zahl der Kinder, besonders wenn es Söhne sind, wächst das Prestige einer Frau. Früher durfte die *gelin*, die ins Elternhaus des Mannes einheiratende »Braut«, erst sprechen, nachdem sie einen Sohn geboren hatte. Da von 65 Millionen Türken (Stand 1997) die Hälfte unter zwanzig ist und die Bevölkerung jährlich um rund eine Million wächst, legt der Staat den Familien Geburtenkontrolle nahe, freilich ohne jeden Zwang. Im Fernsehen wird mit witzigen Spots dafür geworben; Verhütungsmittel gibt es rezeptfrei und billig, in den öffentlichen Krankenhäusern können Verheiratete Sterilisation und Abtreibung ohne inquisitorische Befragung vornehmen lassen. Die islamische Religion verbietet Verhütung in der Ehe nicht. Ich kenne viele Frauen, die wie meine Zugehfrau Raziye nach dem zweiten Kind sagen: »Nun ist Schluß! Meine Mutter hat 14 Geburten gehabt und war mit 50 Jahren eine Greisin. In der heutigen Zeit ist es noch schwerer, ein Kind richtig zu erziehen, ihm eine ordentliche Ausbildung zu geben.« Raziye möchte, daß ihre Tochter Lehrerin wird. »Sie ist so gescheit und viel fleißiger als der Junge. Aber der muß auch was lernen. Was kann ein Mensch ohne Ausbildung schon anfangen? Das sehe ich doch an mir.«

Damit sich diese Vorstellungen, die in der städtischen Bevölkerung inzwischen zur Norm geworden sind, auch auf dem Land durchsetzen, hat der Staat in den Dörfern – längst nicht in allen – Gesundheitsstationen eingerichtet. Sie haben zunächst einmal dazu beigetragen, die Säuglings- und Müttersterblichkeit zu senken (an sich schon ein wichtiger Schritt), nicht jedoch, die Geburtenrate zu drosseln. Solange der Nachwuchs in der Landwirtschaft zur Arbeit benötigt wird und praktisch als einzige Alterssicherung gilt, ändert sich da wohl schwerlich etwas.

Obwohl die Polygamie in der Türkei gesetztlich verboten und die Ziviltrauung vorgeschrieben ist, kommt es vereinzelt vor, daß ein Mann mit einer zweiten Frau eine Imam-Ehe eingeht – das sind nur vor dem islamischen Geistlichen (*imam*) geschlossene Ehen –, wenn die erste Frau unfruchtbar oder krank ist und nicht zur Arbeit »taugt«. Bekanntlich gestattet die islamische Religion dem Mann, großzügiger als das türkische Bürgerliche Gesetzbuch, bis zu vier Frauen, jedoch unter der Bedingung, daß der Ehemann sie, bis hin zum Beischlaf reihum, völlig gerecht behandelt; eine Forderung, die nach Meinung einzelner Theologen unmöglich zu erfüllen ist, so daß die Einehe für den Normalmenschen die angemessene Form darstellt. Auch der Prophet Muhammed hat mit seiner ersten, wesentlich älteren Frau Hatice, die als Besitzerin eines Karawanenunternehmens ursprünglich seine Arbeitgeberin war, 25 Jahre lang, bis zu deren Tod, monogam gelebt. In dem »Harem«, den sich Muhammed in späteren Jahren aufbaute – einige Heiraten waren politisch bedingt, andere dienten der Versorgung von Witwen gefallener Krieger, die meisten basierten jedoch auf gegenseitigem Wohlgefallen –, kam es unter den Frauen nicht selten zu Streit und Eifersucht.

Manches im Verhältnis von Mann und Frau in der heutigen Türkei läßt sich aus der islamischen Tradition erklären. *Zina*, illegaler Geschlechtsverkehr sowohl in vorehelichen Beziehungen wie auch im Ehebruch wird geahndet, und zwar im Prinzip gleichermaßen bei Frauen und Männern. Die ganze Gesellschaft wacht über die Moral des einzelnen. Es ist nichts Ungewöhnliches, daß Nachbarn Ehebrecher bei der Polizei anzeigen.

In Hotels können Unverheiratete, die zusammen übernachten, Schwierigkeiten bekommen. Manchmal wird eine Heiratsurkunde verlangt (jedoch nicht von Ausländern). Eine türkische Journalistin, die mit einem Kollegen den Abend verbrachte, obwohl beide Einzelzimmer gemietet hatten, wurde vom Hotelpersonal mit der Polizei konfrontiert. Der Kommissar ordnete eine gynäkologische Untersuchung der Journalistin an, die auf diese Weise ihre Unschuld beweisen sollte. In Diyarbakır (Osttürkei) wurden Pädagogikstudentinnen zum Amtsarzt geschickt, weil sie leugneten, Männerbesuch im Wohnheim empfangen zu haben. Gegen derartige Praktiken, für die es im türkischen Recht keine Grundlage gibt, haben sich einzelne Frauen und die Frauenorganisation *Çağdaş Kadınlar Derneği* (moderner Frauenverein) in Protesttelegrammen an den Innenminister gewandt; die Gerichte sind eingeschaltet worden. Und die Klägerinnen haben schließlich recht bekommen.

Was junge Leute treiben, solange sie nicht verheiratet

sind, kann man nur ahnen. Fest steht, daß die meisten Mädchen wirklich als Jungfrau in die Ehe gehen. Dementsprechend kommen engere Freundschaften unter Jugendlichen kaum vor. Da in den Schulen und Universitäten Koedukation herrscht, sind sich Jungen und Mädchen natürlich nicht fremd. Um miteinander intim zu werden, muß man findig sein, denn den Freund, die Freundin mit nach Hause und aufs Zimmer zu nehmen, erlauben die Eltern fast nie. Man braucht ein Auto, ein einsames Waldstück oder eine gütige Tante, die einem stundenweise die Wohnung zur Verfügung stellt... Oh, es ist möglich, sich der umfassenden Kontrolle der Gesellschaft zu entziehen. Das beschreibt Duygu Asena in ihrem oben genannten Bestseller stellenweise hinreißend komisch. Für das Mädchen jedoch, das um jeden Preis Jungfrau bleiben muß, wenn sie nicht »Hure« genannt werden will – zuweilen sogar von dem Jungen, mit dem sie schläft –, ist dieses Austricksen der Überwacher eine zweischneidige Sache.

Manchmal greifen junge Verliebte, deren Eltern das Einverständnis verweigern, zum »Tatbestand der vollzogenen Ehe«, um ihre Familie unter Druck zu setzen. Verbreitet ist folgendes klassisches Muster:

Ali liebt Suzan, doch deren Vater hat sie dem Sohn seines Geschäftsfreundes versprochen. Drei Tage vor dem festgesetzten Hochzeitstermin gelingt es Ali, Suzan zu entführen. Zum Glück ist Sommer, die beiden übernachten in der freien Natur. Am nächsten Tag stellt sich Ali der Polizei. Hätte er das nicht getan, wäre er irgendwann verhaftet worden, denn auf Entführung und Vergewaltigung steht Gefängnisstrafe. Das erscheint nur gerecht, denn auch Suzan ist ein großes Risiko eingegangen. Wenn Ali sie sitzenließe, wäre sie ruiniert. Wer würde sie schon heiraten? Vielleicht ein Witwer mit Kindern. Wenn ihre Familie sie verstieße, bliebe ihr allenfalls das Bordell als Ausweg.

Ali wird also dem Richter vorgeführt, der duch Befragung von Suzan feststellt: Sie ist über 18 Jahre alt, das heißt also mündig, und war einverstanden. Wenn Ali Suzan nun heiratet, wird er freigelassen. Vor dem Zeitungsfotografen, der in solchen Fällen immer zur Stelle ist, umarmen sich die beiden und erklären: »Trennt uns nicht, wir lieben uns!« Was bleibt den Eltern der beiden übrig, als zuzustimmen? Wie könnte die Ehre der Familie anders wiederhergestellt werden?

Der Geschäftsfreund und sein Sohn sind natürlich richtig sauer. Sie fordern eine finanzielle Entschädigung. Der betrogene Bräutigam äußert sich unfein – nicht für die Zeitung bestimmt –, daß ihm an der Braut sowieso nichts mehr liege, weil sie nun nicht neuwertig sei.

Auch wenn manche Leute die Bestimmungsgewalt der Väter über ihre Töchter fälschlicherweise für eine typische Erscheinung des Islam halten, vom Propheten Muhammed ist das Wort überliefert: »Niemand, nicht einmal der Vater oder der Souverän, kann eine erwachsene, geistig zurechnungsfähige Frau ohne ihre Einwilligung rechtmäßig verheiraten, gleich, ob sie eine Jungfrau ist oder nicht.« Es sind mehrere Fälle überliefert, daß Muhammed die elterliche Partnerwahl rückgängig machte, wenn sich ein Mädchen bei ihm beschwerte. In der modernen Türkei ist die von den Eltern ausgehandelte Zwangsheirat ebenso selten wie die Liebeswahl, die alle Familienrücksichten außer acht läßt. Im Regelfall läuft ein sehr komplexes Spiel ab, das sich gelegentlich über Jahre hinzieht. Die Eltern heranwachsender Kinder »schauen sich um«: in der Nachbarschaft, unter entfernteren Verwandten, bei geselligen Zusammenkünften, etwa auf Hochzeiten.

Aber die jungen Leute bleiben selbst keineswegs passiv: im Basar, im Kino, bei Festen, in der Schule oder auf dem Schulweg... In meinem ersten Wohnort, einer thrakischen Kleinstadt, habe ich beobachtet, wie Gruppen von Mädchen mit einer Schar Burschen Begegnungen arrangierten, die ganz zufällig aussahen. Hat man sich in einen/in eine »verschaut«, dann wird zunächst die Mutter eingeweiht, die es dem Vater beibringt. Über eine dritte Person wird nun behutsam ausgekundschaftet, ob der/die Erwählte noch nicht versprochen ist und wie es um die Lebensverhältnisse der betreffenden Familie bestellt ist (in kleinen Orten weiß ohnehin jeder über jeden Bescheid). Das ist insofern von Bedeutung, als mit der Ehe nach türkischer Vorstellung nicht ein Bund zwischen zwei Individuen geschlossen wird, sondern zwischen deren Familien. Daß beide Seiten derselben sozialen Schicht, Berufsgruppe angehören, kommt häufig vor, ist aber nicht unabdingbar. In der Familie meines Mannes kam es in jüngster Zeit mehrmals vor, daß die Tochter eines reichen Kaufmanns einen armen Akademiker geheiratet hat; das Gemeinsame waren bäuerliche Großeltern. Jede Seite ist überzeugt, sowohl einen Gewinn gemacht als auch etwas Wertvolles in die Verbindung eingebracht zu haben.

Bevor der Heiratsantrag *Allahın emri, peygamberin kavliyle* (Auf Befehl Gottes und auf das Wort des Propheten hin) gemacht wird, läßt man, wieder durch eine dritte Person, anfragen, ob ein Besuch in einer »gesegneten

Angelegenheit« erwünscht sei. Diese Vorsicht erspart eine blamable Absage. Auch können sich beide Seiten in der Zwischenzeit noch bedenken. Es ist üblich, beim Vater des Mädchens um die Tochter anzuhalten. Daß die »Mädchenseite« oder das Mädchen selbst den Heiratsantrag stellt, kommt informell vor, dem Ritual entspricht es nicht.

Die islamische Tradition kennt durchaus Modelle, bei denen die Initiative von der Frau ausgeht, Hatice, die bereits erwähnte erste Frau Muhammeds, bot dem jungen Mann, der ihre Handelskarawane begleitet hatte, beeindruckt von seinem Charakter, die Ehe an. Auch später machten Frauen dem Propheten Heiratsanträge, beispielsweise Leila bint al-Khatim. Nach Muhammeds Tod wurde die *Hiba*, die Erwählung des Mannes durch eine Frau, dann verboten. In der Türkei ist sie ein gängiges Komödienmotiv: es erscheint komisch, wenn die Frau aktiv wird.

Doch weiter im Prozeß der Heiratsvorbereitungen: Nachdem der Vater des Mädchens seine Bereitschaft erklärt hat, wird über die Mitgift beider Seiten verhandelt. Der Brautpreis, der noch durch Filme und Romane geistert, als vom Vater des Bräutigams an den Vater der Braut zu zahlendes Entgelt für die Arbeitskraft der jungen Frau, ist heutzutage nicht mehr üblich, wohl aber Goldschmuck: Armreifen, Ketten, Anhänger, Ohrringe, die im wesentlichen die Familie des Bräutigams aufzubringen hat und mit denen die Braut bei der Hochzeit behängt ist wie ein Weihnachtsbaum mit Lametta. Der Schmuck ist ihr persönlicher Besitz und ein Kapital für Notzeiten. Allerdings verwenden viele moderne junge Frauen das Gold bald nach der Hochzeit – bis auf ein paar Stücke, die sie wirklich ständig tragen – für wichtige und praktische Dinge wie eine Waschmaschine, den Erwerb des Führerscheins, als Anzahlung auf eine Eigentumswohnung. In der städtischen Mittelschicht gilt es nicht mehr als »fein«, sich mit Schmuck zu beladen. Zunehmender Verbreitung erfreut sich auch die Ansicht, daß eine Ausbildung mehr wert ist als goldene Armreifen.

Gesetzlicher Güterstand ist die Gütertrennung, die für die Frau nur dann von Vorteil ist, wenn sie eigenes Vermögen in die Ehe einbringt oder erbt. Der Ehemann ist sowohl laut Gesetz als auch vom Koran her verpflichtet, für den gesamten Familienunterhalt aufzukommen. An den realen Verhältnissen des rasant sich entwickelnden Landes geht diese Norm jedoch vorbei, wie wir gesehen haben.

Damit Sie sich ein plastisches Bild machen können, möchte ich von Zeyneps Hochzeit erzählen, zu der ich als angeheiratete Tante eingeladen war. Bei der zweitägigen Feier in der thrakischen Kleinstadt mischten sich traditionelle und moderne Elemente in einer Weise, wie es für den gesellschaftlichen Umbruch in der heutigen Türkei bezeichnend ist.

Ich kam gerade noch rechtzeitig, um çeyiz, die Aussteuer, anzuschauen, ehe sie eingepackt und ins Haus der Schwiegermutter geschafft wurde. Seit Zeyneps Geburt hatten ihre Mutter und ihre Großmutter mütterlicherseits an dieser Aussteuer gearbeitet; später hatte Zeynep selbst Stunden und Tage gesessen: Bettwäsche mit Lochstickerei verziert, zwei große Tischdecken und zwölf Zierdeckchen gehäkelt, Servietten bestickt, Vorhänge und Küchenwäsche genäht und wohl fünfzig verschiedene Kopftücher umrandet. Solch eine Aussteuer ist der Stolz jeder Braut; die Nachbarinnen werden ein paar Tage vor der Hochzeit zur Ausstellung der çeyiz eingeladen. Die Wohnungseinrichtung des jungen Paares: Möbel, Öfen, Bettzeug, Kühlschrank, Geschirr und Küchengerät, ein Fernsehapparat – alles zusammen von den Eltern beider Seiten gekauft, war schon nach Istanbul geschafft, wo die Eheleute künftig leben sollten. Der Bräutigam ist nämlich Lehrer an einem Istanbuler Gymnasium.

Am Tag vor der Hochzeit darf Zeynep ihren Verlobten Orhan nicht sehen. Der Vorabend ist die *kına gecesi*, die »Henna-Nacht«, die nach altem Brauch nur unter Frauen gefeiert wird, während sich die Männer auf ihre Weise vergnügen. Bei Einbruch der Dunkelheit versammeln sich an die hundert weibliche Gäste hinter dem Haus der Braut, wo Bänke aufgestellt sind und eine Gruppe von drei Frauen zum Tanz aufspielt: eine Geigerin, eine *saz*-Spielerin, die auch singt, und eine Frau mit einer kleinen Handtrommel. Selten, daß bei Festen einmal nicht elektronischer Krach die Ohren zudröhnt; wie schön, daß Volkstänze gespielt werden und nicht Pop-Verschnitt.

Die jungen Mädchen in ihren Sommerkleidern sind geschminkt und haben die Haare toupiert. Auch die Braut im türkisfarbenen Satin, die sonst eher schlicht geht, ist kaum wiederzuerkennen, so haben die Freundinnen sie angemalt. Beim Tanz wiegen und schütteln die Mädchen den Körper voreinander, ohne sich zu berühren. Manche können wie Bauchtänzerinnen das Bekken kreisen lassen. Auch ältere Frauen, Zeyneps Mutter und Großmutter, werden zum Tanzen animiert, und ich bin erstaunt über die Geschmeidigkeit der Bewegungen und das Temperament, das darin steckt. Wer nicht tanzt, klatscht rhythmisch zur Musik oder schnalzt mit den Fingern.

In einer Pause wird Knabberzeug herumgereicht: Sonnenblumenkerne, Kichererbsen, Nüsse, Rosinen, kleine Bonbons, alles bunt gemischt. Plötzlich ist die Braut verschwunden. Sie badet und zieht sich um, heißt es. Die Rhythmen werden hitziger. Eine lange Reihe hat sich gebildet, die Bewegungen beschleunigen sich. Jetzt können bloß noch schnelle Tänzerinnen mithalten, die nicht außer Atem kommen und die Kette nicht reißen lassen.

Auf dem Höhepunkt des Tanzes bricht die Musik ab. Die bunten Glühbirnen zwischen den Bäumen erlöschen. Was ist los? Ein leiser Gesang nähert sich vom Haus her. Sechs Mädchen tragen eine große Schale mit heißem Hennabrei, in dem brennende Kerzen stecken. Die Braut, im roten Morgenmantel über dem Nachthemd, den Kopf ganz von einem roten Tuch verhüllt, wird zu einem Stuhl geleitet. Was dann folgt, ist nur für die unmittelbar Umstehenden zu sehen: Zeyneps Finger und Zehen werden in Henna getaucht und dann einzeln mit Stoffstreifen umwickelt. Damit die braunrote Farbe, die Glück bringt und gesund sein soll, haftet, muß der Hennabrei über Nacht einwirken. Wer von den Gästen ebenfalls das Glück der roten Finger haben möchte, taucht anschließend die Hand in die Schüssel.

Am nächsten Morgen wird die Braut von den Binden und dem angetrockneten Henna befreit; Orhans Schwestern holen sie zum Friseur ab. Ich schließe mich an, finde es aber eher langwielig zuzuschauen, bis alle Köpfe wieder toupiert sind und die Gesichter geschminkt. Bei Hochzeiten gehen oft bis zu zwanzig weibliche Angehörige mit zum Friseur.

Die Braut zieht im Nebenraum ihr weißes Tüllkleid an, die Friseuse steckt den Schleier fest. Werden auf einem Dorf noch die alten bunten Samtkleider und die Mäntel und Westen mit der kostbaren Metallfadenstickerei getragen, kommt auch in der Türkei schon das Fernsehen und dreht einen Kulturfilm. So wie die alten Stoffe langsam verbleichen, sterben die traditionellen Hochzeitsbräuche. Die meisten Bräute wollen heute »weiß« heiraten. Das kann kaum daran liegen, daß ein »europäisches« Brautkleid bequemer ist, jedenfalls schaut Zeynep recht gequält drein; der Ausschnitt sitzt nicht, hilfreiche Hände greifen nach Nadel und Faden. Nervosität. Wie eng die Handschuhe sind! Himmel, willst du mit den braunen Pumps loslaufen? Hier, noch der Blumenstrauß, das Täschchen.

Der Bräutigam wartet draußen im Auto. Darf er die Braut schon sehen? Offiziell nicht, aber beim Fotografen ist ein Termin ausgemacht. Orhans kleine Schwester und ich fahren mit, als Anstandsdamen.

Danach Mittagessen in Zeyneps Elternhaus. Orhan hat uns abgeliefert und ist wieder verschwunden. Im Hof stehen Tische und Bänke. Großmütter und Nachbarinnen haben ein Menü für jeden, der kommen will, vorbereitet: Hühnersuppe, Reis mit Lammfleisch, *güveç, cacık, baklava*. Als Getränk gibt es Tee. Die Braut sitzt bewegungslos in ihrem weißen Kleid im Wohnzimmer. Wie eine Puppe. Hat sich ihr die Aufregung auf den Magen geschlagen? Ihre Mutter behauptet: »Eine Braut muß fasten.« Um zwei Uhr ist die Trauung angesagt.

Nicht im städtischen Standesamt, sondern, weil sozusagen der ganze Ort eingeladen ist, im *düğün salonu* (Festsaal), wo ich kaum noch einen Stuhl finden kann. Man sitzt an langen Tischen, vor jedem Gast steht ein Tellerchen Gebäck und eine Flasche Limonade. Musik und Tanz sind üblich, doch Orhan und Zeynep haben sich gegen eine laute öffentliche Feier entschieden. Die Trauungszeremonie ist sehr schlicht: die beiden sprechen ihr *Evet!* (Ja) vor dem Standesbeamten und zwei Zeugen; man unterschreibt, steckt sich gegenseitig die Ringe an die linke Hand; alles fast wie in Deutschland, finde ich. Abschließend hebt der Bräutigam den kleinen Gesichtsschleier der Braut hoch, küßt sie auf beide Wangen und legt ihr eine Goldkette um: ein letztes Relikt der Entschleierungszeremonie, die eigentlich erst im Schlafgemach stattfinden sollte.

Die Gratulationscour verläuft wieder typisch türkisch. Die Gratulanten treten einzeln vor das Brautpaar, die Braut wird buchstäblich mit Gold behängt. Ich zähle etwa zwanzig Armreifen, dreizehn Ketten, teilweise mit Anhänger, diverse Paar Ohrringe, Goldmünzen an roten Bändchen und Geldscheine, die ans Kleid gesteckt werden. Die Braut bedankt sich mit einem Handkuß. Auch ferner stehende Gäste, die kein Geschenk mitbringen, gratulieren. Es dauert wohl eine Stunde, bis alle fertig sind.

Nun steigen Verwandte und Freunde in geschmückte Autos, und im hupenden Konvoi geht es durch die Stadt. Nach mehreren Umwegen landen wir vor Orhans Elternhaus. Zeynep wird über die Schwelle getragen und von ihrer Schwiegermutter empfangen. *Gelin*, das Wort für Braut, bedeutet soviel wie »die kommt«.

Sie wird wieder auf einem Sofa plaziert. Ich wundere mich, daß von Zeyneps Seite niemand dabei ist außer Lale, einer angeheirateten Tante gleich mir. Lale klärt mich auf. Die *gelin* wird nach der Trauung radikal von ihrer Mutter getrennt. Wir beide haben die Aufgabe, Zeynep auf die Hochzeitsnacht vorzubereiten. Man wählt dazu verheiratete, reifere Frauen, die der Braut nicht zu nahe stehen.

Während der Tisch gedeckt wird und ständig Leute ein und aus gehen, versuchen Lale und ich, unsere Pflicht zu erfüllen, was von der Braut mit Erröten und unterdrücktem Kichern quittiert wird. Wie gut, daß ich gestern vor der *kına gecesi* schon ein intensiveres Gespräch, als es jetzt möglich ist, mit Zeynep geführt habe. Über den biologischen Vorgang ist sie als Gymnasiastin aufgeklärt. Wir reden ihr gut zu, sich so natürlich und entspannt wie möglich zu geben.

Vor dem Essen erfolgt eine kurze Zeremonie, die religiöse Trauung. Der *imam*, ein Verwandter des Bräutigams, liest ein kurzes Stück aus dem Koran vor. Den arabischen Text verstehe ich nicht, aber mir fällt ein Vers ein: »Sie sind wie ein Gewand für euch, und ihr seid wie ein Gewand für sie« (Sure 2,187), womit das gegenseitge Sichwärmen und -schützen der Eheleute gemeint ist. Keine Ansprache, kein Gesang. Nicht besonders feierlich, die Trauung im Wohnzimmer, kaum daß Orhans Schwestern das Tischdecken unterbrechen. Ein Brautpaar, das dem Ganzen mehr Nachdruck und Weihe verleihen möchte, könnte sich auch in der Moschee trauen lassen; das kommt allerdings höchst selten vor.

Beim Abendbrot ißt die Braut wieder nichts, was alle normal finden, während Orhan kräftig zulangt. Ob auch er ein Aufklärungsstündchen hinter sich hat? Ich hoffe, er ist mit seinen 25 Jahren nicht mehr völlig ahnungslos.

Die beiden fahren noch am selben Abend nach Istanbul in die eigene Wohnung, so haben sie es sich ausbedungen. Keine Brautnacht im Haus der Schwiegereltern, keine Wache vor der Tür, kein Jungfräulichkeits- oder Potenzbeweis. »Junge Leute wollen heute alleine miteinander zurechtkommen«, sagt Orhans Vater. Er scheint das zu akzeptieren.

Die Aussteuerkiste steht schon hinten im Auto, auf den Rücksitz werden zwei Picknickkörbe gepackt. Das wird reichen, auch wenn Zeynep plötzlich ganz schrecklichen Hunger bekommt. Die beiden steigen ein, Orhans Mutter gießt dem anfahrenden Wagen Wasser nach, »damit der Weg glatt sei«.

Ich kehre in Zeyneps Elternhaus zurück, wo nicht gefeiert wird, im Gegenteil, es ist still, als sei jemand gestorben. Zeyneps Mutter hat Migräne. Bald sind Ferien, dann wird das junge Paar auf Besuch kommen.

Eine Riesenbaustelle
Vom raschen Wandel der Lebensverhältnisse

Nun ist Zeynep also verheiratet, die kleine Zeynep, die ein Baby war, als ich zum erstenmal im Urlaub in die Türkei kam. Mutter und Großmutter wuschen sich die Finger wund an Windeln und Jäckchen – es gab noch keine Waschmaschinen, wie so viele andere zeitgemäße Gebrauchsgüter auch nicht. Damals wünschten meine Schwägerinnen als Mitbringsel aus Deutschland: einen Fön, Unterwäsche, Kosmetika – nichts Ausgefallenes, sondern Deodorant und Niveacreme –, einen Babyschlafsack – wegen des haltbaren deutschen Reißverschlusses –, einen Mixer, lösliche Kopfschmerztabletten, Tempotaschentücher. Die Großmutter wollte Rheumasalbe, der Neffe Schokolade und ein Fahrrad mit Gangschaltung. Die Brüder meines Mannes bestellten sich Trockenrasierer, amerikanische Zigaretten, Ersatzteile fürs Auto, Sprühlack. Alle diese Waren gibt es jetzt überall zu kaufen – für den, der sie sich leisten kann.

Als ich dann 1981, im Jahr nach der Machtübernahme des Militärs, mit Mann und Kindern endgültig von München in die Türkei übersiedelte, lagen die wirtschaftlichen Verhältnisse noch im argen. Alles, was über die einfachsten Grundbedürfnisse hinausging, war nur auf dem Schwarzmarkt zu haben. Und selbst simple Nahrungsmittel wie Zucker, Fett und Tee waren öfter ausverkauft, im Mehl tummelten sich die Maden, und die Kekse schmeckten zum Speien. Für Glühbirnen mußte man den *bakkal* bestechen. Kleidung ließ man sich am besten nähen, denn was von der Stange angeboten wurde, war armselig.

Wenn ich in die alte Heimat fuhr, hatte ich jedesmal einen ellenlangen Einkaufszettel, auf dem Dinge standen wie: Kinderregenmantel, Gummihandschuhe, Tipp-Ex, Strumpfhosen, Nescafé, Fotomaterial, Küchenwaage... Am Beispiel der Konsumgüter läßt sich am deutlichsten erkennen, wie sehr sich die äußeren Lebensverhältnisse in der Türkei binnen kurzem verändert haben. Mit dem Regierungsantritt von Turgut Özal, der die Wahlen von 1983 und 1987 gewann (am 31. 10. 1989 wechselte Özal in das Amt des Staatspräsidenten über), begab sich das Land in einem derartigen Tempo auf den Weg in die »Moderne«, daß jede Beschreibung des gegenwärtigen Zustands morgen schon überholt sein wird.

Als wir Anfang der achtziger Jahre am Stadtrand von Izmir einige Parzellen einer ehemaligen Obstplantage als Baugrundstück erwarben, waren die nächsten Nachbarn drei Bauernhöfe, und etwa einen Kilometer entfernt lag das Dorf Yeniköy. Eine friedliche ländliche Idylle. Mittlerweile sind wir von achtstöckigen Wohnhäusern umzingelt – die drei Bauern haben ausgesorgt. Rund um Izmir fallen außer distelbewachsenem Ödland auch hektarweise Obstgärten (leider!) einer hektischen Bautätigkeit zum Opfer; ganze Trabantenstädte und breite Autostraßen sind entstanden. Wir wohnen jetzt richtig in der Stadt, atmen Abgase ein und im Winter den Rauch der Kohleheizungen.

Die Vorteile solcher Wohnsiedlungen sind natürlich nicht zu übersehen. Uns bescherte sie anstelle der verrosteten, dünnen Wasserleitung – die uns oft genug »trocken« ließ – eine zuverlässige Wasserversorgung. Seitdem ist auch der Wasserdruck für unsere Sonnenenergieanlage auf dem Dach in Ordnung. Der Anschluß ans städtische Kanalisationsetz enthebt uns der Entsorgung der hauseigenen Senkgrube. Doch obwohl die Abwasser der neuen Izmirer Ringkanalisation in eine zentrale Kläranlage und nicht mehr ins Meer geleitet werden, stinkt die nur auf Postkarten blaue Hafenbucht weiterhin zum Himmel. *Boş ver* – der Lieblingsausdruck der Türken klingt fast ein wenig zynisch angesichts der Bemühungen der Oberbürgermeister aller Couleur seit Mitte der achtziger Jahre, aus Izmir eine moderne Großstadt mit Lebensqualität zu machen. Daß noch wenig davon zu spüren ist, kann nicht verwundern, denn jahrzehntelang begegnete die Stadtverwaltung den Problemen, die sich aus dem städtebaulichen Wildwuchs und zunehmender Industrialisierung der Ägäismetropole ergaben, mit gleichgültigem Achselzucken. Wie soll da plötzlich, sozusagen aus dem Stand, der Sprung ins 21. Jahrhundert gelingen?

Nicht nur Izmir, die ganze Türkei ist eine einzige riesige Baustelle, ob man das nun bedauert oder begrüßt. Die meisten Projekte waren notwendig und überfällig, so die Errichtung von Talsperren und Kraftwerken, damit endlich die Elektrizitätsversorgung gesichert ist; die Ausweitung des Fernstraßennetzes und der Bau der zweiten Bosporusbrücke (schon ist die dritte geplant), die Einrichtung beziehungsweise Modernisierung des Telekommunikationssystems (Durchwahltelefon, Fax) sowie der Bau der Erdgasleitung von Thrakien in die Großstädte mit der stärksten Luftverschmutzung (Ankara, Istanbul, Bursa u. a.).

Es vergeht kaum ein Tag, ohne daß die Fernsehnachrichten die Einweihung einer Schule oder Konservenfabrik, eines Krankenhauses oder Schlachthofs, seltener eines Flughafens oder einer Universität zeigen, wobei natürlich die jeweilige Regierungspartei den Erfolg für sich verbucht, besonders im Wahlkampf – aber der herrscht eigentlich permanent.

Im Fall des GAP-Projekts (Südostanatolienprojekt) kam es zum öffentlich ausgetragenen Streit zwischen den Rivalen Demirel und Özal, wem von beiden das Hauptverdienst zustehe an dem Vorhaben, das in der Region von Euphrat und Tigris (türkisch *Fırat* und *Dicle*) den Bau von 21 Staudämmen und 18 Wasserkraftwerken umfaßt, die einmal 7557 Megawatt Strom liefern und 16,3 Millionen Hektar Brachland in fruchtbaren Ackerboden verwandeln sollen. Seit November 1994 strömt nun Wasser durch eine 29 Kilometer lange Tunnelröhre vom Atatürk-Stausee in die trockene Harran-Ebene bei Urfa im Südosten der Türkei. Die Erstellung der ersten Baustufen reicht Jahrzehnte zurück, und es werden wohl weitere Jahrzehnte bis zur endgültigen Fertigstellung des Mammutunternehmens vergehen.

Die Elektrifizierung hat inzwischen auch dem letzten Dorf die Möglichkeit des Fernsehens beschert. Die Zuschauer können wählen zwischen mehreren staatlichen Programmen und einer Reihe von privaten, auch regionalen Sendern. Je nach Geschmack kann man sich einheimische Filme und Familienserien oder amerikanische

Produktionen reinziehen. Es gibt einen Kanal, der ständig türkische Pop-Musik ausstrahlt, und drei konkurrierende religiöse Sender. Wer die entsprechende Satellitenschüssel besitzt, kann sogar deutsche Programme wie Sat 1 empfangen.

Selbst arme Familien besitzen einen Fernsehapparat, und sei es ein flimmerndes Schwarzweißgerät. Das Medium spielt die entscheidende Rolle bei der kulturellen, sprachlichen und »ideologischen« Integration von Stadt und Land, westlichen und östlichen Landesteilen und wird vom Staat auch bewußt in dieser Funktion eingesetzt. Nicht von ungefähr wird die kurdische Oppositon nicht müde, ihre Forderung nach einem Fernsehprogramm in eigener Sprache zu wiederholen.

Daß der Durchschnittszuschauer ständig länger am Fernsehtropf hängt, zeigen die Erhebungen der Meinungsforschungsinstitute. Man fragt sich, wie die Nation der leibhaftigen Märchenerzähler innerhalb weniger Jahre derart fernsehsüchtig werden konnte, daß in den Familien oft nicht mal wenn Besuch kommt, die Technik ausgeblendet wird. Die Faszination geht sicherlich vom Kontrast der bunten Bilder zur grauen Alltagswirklichkeit aus. Nicht nur Filme und Nachrichten, vor allem die reichlich eingestreute Werbung verheißen Wohlstand, den heute erst einzelne genießen: ein schnelles Auto, eine komfortable Wohnung, den No-frost-Kühlschrank und die vollautomatische Waschmaschine. Und wem diese Ziele doch zu weit gesteckt erscheinen, der kann sich mit einem Wunder wirkenden Haarshampoo oder der wohlschmeckenden Frühstücksmargarine trösten.

Ganz wie in Deutschland auch? Nun, der entscheidende Unterschied liegt wohl in der existenzbedrohenden Inflationsrate (seit Jahren zwischen 75 und 100 Prozent), die fatalerweise eine direkte Folge des staatlichen Investitionsrausches ist und stets die Ärmsten am empfindlichsten trifft. So ist die Abwendung der Wählermassen von Özals ANAP im Oktober 1991 sicherlich mit der Enttäuschung über die Auswirkungen der Wirtschaftwunderpolitik zu erklären. Doch auch die Ökonomieprofessorin Tansu Çiller (DYP) konnte letztendlich ihr Wahlversprechen, jeder Familie zu zwei Schlüsseln, für die Eigentumswohnung und das Auto, zu verhelfen, nicht halten, im Gegenteil, Staatsverschuldung und Inflationsrate nahmen weiter zu, das Besteuerungssystem blieb uneffektiv, und der Krieg gegen die PKK im Osten verschlang große Teile des Budgets.

Die Hoffnung sank, daß die »Mutter und Schwester« des Volkes, wie sie sich selbst gerne bezeichnete, das Ruder herumreißen würde. Deshalb, und nicht weil das türkische Volk plötzlich frömmer geworden wäre, gewann die politisch unverbrauchte RP Erbakans die Wahlen Ende 1995 (s. o.). Es ist müßig, Spekulationen darüber anzustellen, welche wirtschaftlichen Trümpfe ein islamistischer Politiker im Ärmel hält. Vielleicht sollten wir überhaupt die hohe Politik verlassen und uns unter Nachbarn und Bekannten umhören.

Die meisten meiner Nachbarn gehören zum Mittelstand, in dem sich alles zwischen »ganz arm« und »richtig reich« tummelt und der ein Sammelbecken für die unterschiedlichsten Lebensumstände ist. Ein Volksschullehrer steht (wie die anderen kleinen Beamten, etwa Polizisten) am unteren Ende der Skala. Mit umgerechnet 480 Mark Monatsgehalt kann er keine Familie ernähren. Die Miete frißt (in der Stadt) die Hälfte dieses Gehalts auf, folglich braucht die Familie einen zusätzlichen Verdienst. In Lehrerfamilien ist die Frau fast immer berufstätig, oft gleichfalls als Lehrerin. Viele Lehrkräfte bessern ihr Einkommen auch durch Nebentätigkeiten auf, sei es mit Nachhilfestunden, sei es als Obstverkäufer, Taxifahrer, Glaser oder, wie unser Nachbar Metin *Bey*, als Tapezierer. Diese Gelegenheitsarbeit bringt je nach Auftragslage bis zu umgerechnet 300 Mark im Monat zusätzlich. Metins Frau Zubeyde verdient als Ledernäherin in einer Fabrik etwa ebensoviel. Doch kommt sie abends völlig erschöpft heim; wenigstens kann sie sich an den gedeckten Tisch setzen, denn ihre zweite Tochter (16) führt den Haushalt und paßt auf die Kleinen (10 und 6) auf. Die älteste Tochter (18) verdient in einem Sportartikelgeschäft ihr eigenes Geld und spart sich die Aussteuer zusammen.

Die Wohnungsmiete für vier Zimmer, Küche, Bad – Neubau in einem Außenbezirk der Stadt – beläuft sich nach unserer Währung auf 240 Mark, Heizung, Wasser, Licht schlagen mit weiteren 50 Mark zu Buche. Eine sechsköpfige Familie muß für die Grundnahrungsmittel mindestens 300 Mark veranschlagen; Fleisch (Kilo 10 Mark), Käse, Milch und Obst sind schon ein Luxus. An der Kleidung kann gespart werden, lediglich Metin *Bey* braucht ordentliche Anzüge. Frau und Kinder begnügen sich mit dem Angebot des »fliegenden Händlers« auf dem Wochenmarkt; zu *bayram* gibt es neue Blusen, T-Shirts und Jeanshosen, und Zubeyde *Hanım* trägt zur Feier des Tages ein Satinkleid. Ein Schrecken jedesmal, wenn die Kleinen wieder neue Schuhe brauchen. Doch getragenes (gut erhaltenes) Schuhwerk anzunehmen ist die Nachbarin zu stolz. Sie hätten ein Telefon angeschafft, erzählte sie beim kurzen Ratsch über den Zaun, obwohl die Raten für das Videogerät noch nicht abbezahlt seien. »Die Kinder wollten es unbedingt.« Nun ja, man muß sich abheben von den anderen: Fernsehapparat, Radiorecorder und Kühlschrank hat hier jeder. »Waschmaschine und Staubsauger brauchen wir nicht«, sagt Zubeyde, »das kann meine Tochter so schaffen.« Nachdenklich stimmte mich ein Umfrageergebnis, demzufolge die meisten Lehrer behaupteten, die 20 Mark monatlich für eine Tageszeitung nicht aufbringen zu können. Auch Bücher seien im Lehrerbudget »nicht drin«. Ausschlaggebend, scheint mir, sind in diesem Sektor die persönlichen Präferenzen: Video muß offensichtlich sein, Zeitungen und Bücher nicht.

Besser gestellt als Lehrer sind Fliesenleger, Installateure, Bauschreiner, die es auf bis zu 1000 Mark im Monat bringen; ebensoviel bleibt etwa einem Taxifahrer oder einem *bakkal* als Reingewinn. Die Bankangestellte am Devisenschalter mit mehrjähriger Berufserfahrung hat 600 Mark, der Arzt im Krankenhaus bekommt ebensoviel (dazu oft Nebeneinnahmen aus der Privatpraxis), ein Dozent an der Universität 900 Mark, ein Professor 1800 Mark. Mit diesem »Spitzengehalt« kann er sich mit dem Garçon im Luxusrestaurant messen, der obendrein die Trinkgelder kassiert. Da nimmt es kaum wunder, daß immer mehr Wissenschaftler der Universität den Rücken kehren und in die freie Wirtschaft abwandern: Verdienen doch ein Architekt als Bauunternehmer, ein Elektroingenieur als Hersteller von Sonnenenergieanlagen, ein Sprachwissenschaftler als Fremdenführer und Teppichhändler ein Vielfaches des früheren Gehalts.

Überhaupt litten und leiden Beamte, Angestellte und Rentner viel stärker unter der Inflation, weil eine Anpassung ihrer Bezüge immer viel zu spät oder zu niedrig erfolgt. Am besten stehen sich dagegen jene Unternehmer und Kaufleute, die eine Marktlücke ausmachen: indem sie Lederjacken, Teflonpfannen, Einbauküchen, Feuerlöscher, Jogginganzüge, Musikkassetten... produzieren oder/und vermarkten. Selbständigsein ist für den Türken seit eh und je ein Wert an sich. Beamte, die nach 25 Dienstjahren in den Ruhestand gehen (Frauen nach 20), erfüllen sich gern ihren lange gehegten Traum und begründen eine selbständige Existenz. Und ein türkischer Gastarbeiter, der in seine Heimat zurückkehrt, ginge unter keinen Umständen wieder ein untergeordnetes Lohnverhältnis ein. Nach den Jahren der abhängigen Arbeit will er endlich sein eigener *patron*, Chef, sein.

Laut Statistik beziehen über 60 Prozent der Haushalte ihre Einnahmen aus Produktion, Handel oder Dienstleistungen im eigenen Betrieb. Die Mehrheit dieser Selbständigen erreicht jedoch nicht einmal den Lebensstandard der mittleren Gehaltsempfänger, heißt es. Denn die Gruppe der Selbständigen besteht natürlich nicht nur aus Industriebossen, Großhändlern, Bankiers und Plantagenbesitzern, auch Tante Emma, hier Ayşe *Abla*, mit ihrem Laden an der Ecke, die kleinen Handwerker und die Masse der Bauern gehören dazu. Wer mit einer Kuh, ein paar Schafen, Mandarinen- und Olivenbäumen seinen Lebensunterhalt bestreitet, ist ebenso »selbständig« wie der Schrottsammler, der mit seinem Zweiradkarren durch die Gegend zieht. Hüseyin *Amca*, unser Nachbar, verdient mit seiner Bauschreinerei ein schönes Geld, während der pensionierte Berufsoffizier, der Fernsehapparate repariert, sich damit lediglich die Zeit vertreibt, ohne nennenswerte Einnahmen zu verzeichnen.

In der freien Wirtschaft weht ein scharfer Wind. Geschick und Fleiß, Mut und Ideen garantieren noch keinen Erfolg; wer es zu etwas bringen will, muß mit allen Wassern gewaschen sein, will er Tricks und Betrügereien durchschauen, die im Konkurrenzkampf leider üblich sind. Wie viele Boutiquen, Supermärkte, Restaurants – die vermeintlichen Goldgruben unserer Zeit – sind nicht in den letzten Jahren eröffnet worden, und wie viele davon haben nach kurzer Zeit Pleite gemacht.

Daß die Geschäfte anderer gleichwohl florieren, wird deutlich an der Vielzahl neuer Privatwagen auf den Straßen und an der epidemischen Ausbreitung von Ferienhäuschen entlang der ganzen Mittelmeerküste. Was dem Lehrer sein Videogerät, ist dem Selbständigen sein Auto und Sommerhaus. Wer sich von der Masse der Neureichen abheben will und kann, erwirbt eine Jacht oder eine Villa am Bosporus; dort ist es freilich auch nicht mehr so ruhig wie vor zwanzig Jahren, als noch die oberen Zehntausend die heißen Sommerwochen in ihrem palastartigen *yalı* (Holzhaus, Sommerhaus) am Wasser zubrachten.

Im Winterurlaub kann man auf dem Uludağ (2543 m) bei Bursa sehen, »wer's hat«. Die wenigsten Leute fahren zum Skifahren hinauf: Dort tummelt »man« sich, um in die Zeitung zu kommen. Und das Volk, obwohl es sich kaum mehr die tägliche Zeitung leisten kann, hat natürlich das größte Interesse daran und ein Recht darauf zu erfahren, wer für ein paar Urlaubstage in luftiger Höhe Tausende von Dollars ausgegeben hat. Wie schafft man es nur, so reich zu werden?

Ein Mittel zum Aufstieg ist sicher Bildung. Acht Schuljahre, das heißt fünf Jahre Grundschule und, darauf aufbauend, drei Jahre Mittelschule sind vorgeschrieben, werden aber nur von etwa der Hälfte aller Kinder wirklich absolviert. Wer die Mittelschule besteht, darf ein Gymnasium besuchen. Für ein Elitegymnasium ist gleichwohl ein bestimmter Notendurchschnitt oder eine Aufnahmeprüfung Voraussetzung. Es gibt staatliche und private höhere Schulen, wobei die Unterschiede hauptsächlich in den Klassengrößen, in der Betonung einer Fremdsprache und in der Ausstattung mit Lehrmitteln liegen. Lehrerzentrierter Frontalunterricht, Pauken von Fakten, Disziplin und Gehorsam sind auch heute noch bis in die Oberstufe hinein typisch und werden kaum in Frage gestellt.

Da der Gymnasialabschluß als solcher nicht zum Studium berechtigt, vielmehr das Bestehen der landesweit einheitlichen zweistufigen Hochschuleingangsprüfung, haben die *dershane* genannten Nachhilfestudios, die an Nachmittagen und Wochenenden auf die Prüfungen vorbereiten, eine viel größere Bedeutung als der Pflichtunterricht. Die Paukstudios zahlen Spitzengehälter an Spitzenlehrkräfte, die sich frustriert von der Schule abgewandt haben, um jetzt hochmotivierten Schülerinnen und Schülern in kleinen Lerngruppen den letzten Schliff zu geben.

Jede *dershane* wirbt mit den Erfolgen ihrer Zöglinge, die in der Zeitung veröffentlicht werden. Die Mädchen stehen den Jungen übrigens in nichts nach. Für eine gute *dershane* sind umgerechnet 200 bis 300 Mark monatlich an »Lehrgeld« zu berappen, eine Summe, die das Budget vieler Familien übersteigt beziehungsweise zähneknirschend wegen der Aussicht auf einen akzeptablen Studienplatz aufgebracht wird. Denn allein die Punktzahl aus beiden Prüfungen entscheidet darüber, ob das gewünschte Fach an der gewünschten Universität auch wirklich studiert werden kann.

Insgesamt gibt es in der Türkei an die sechzig Universitäten von sehr unterschiedlichem Niveau. Die begehrtesten befinden sich in Istanbul (Boğaziçi Üniversity) und Ankara (ODTÜ, d. h. TU-Mittelost), wo der Unterricht in englischer Sprache erfolgt und deren Absolventen von der Industrie umworben werden. Eine deutsche Universität ist bei Istanbul in Planung. Vielleicht verstärkt sich dann endlich der Studentenaustausch zwischen Deutschland und der Türkei, der bisher aufgrund bürokratischer Erschwernisse (Nichtanerkennung von Voraussetzungen und Diplomen) sehr unbefriedigend aussieht.

Ausländische Studenten an türkischen Universitäten kommen aus den turksprachigen GUS-Staaten, aus Afrika und Indien. Die Wohnheime auf dem Campus haben nur eine begrenzte Kapazität und sind wegen der meist primitiven Ausstattung und der beengenden Heimordnung bei den StudentInnen nicht sehr beliebt. Wer die Mittel dafür aufbringen kann, sucht sich zusammen mit Freunden eine Wohnung in der Stadt. Nicht üblich ist es dagegen, ein möbliertes Zimmer in Untermiete zu beziehen. Das hat wohl mit der beiderseitigen Angst vor der Verletzung der Privatsphäre zu tun.

Straffe Studiengänge mit Zwischen- und Abschlußprüfungen in jedem Studienjahr sorgen dafür, daß die Regelstudienzeiten nicht wesentlich überschritten werden. Trotzdem finden die StudentInnen Zeit für Demonstrationen, etwa gegen eine unsoziale Erhöhung der Studiengebühren oder aus Solidarität mit den hungerstreikenden Gefängnisinsassen. Islamistische Gruppen hingegen marschieren für das Recht ihrer Studentinnen auf Verschleierung, was manche Rektoren mit dem Hinweis auf das Prinzip des Laizismus verbieten wollen.

Auch reißen innerhalb der Fakultäten die Kämpfe zwischen »rechten«, nationalistischen, und »linken«, marxistisch-prokurdischen Studenten nicht ab. Eingangskontrollen auf Waffen und die Anwesenheit von Polizei in der Uni können nicht verhindern, daß es immer wieder zu Eskalationen kommt. Als Mutter zweier Studenten, die für ihre Überzeugungen einstehen, bin ich stets hin und her gerissen zwischen Gefühlen des Stolzes und der Angst.

Nach Aussage von Experten hat die Türkei allerdings vorerst weniger Bedarf an Akademikern als vielmehr an guten Facharbeitern und qualifizierten Handwerkern. Aber sich die Hände schmutzig zu machen, überläßt der Türke, sobald er es in der Stadt zu ein bißchen Geld gebracht hat, gerne den vom Land nachrückenden Hilfskräften. Diese sind willig und geben – notgedrungen, weil sie verdienen müssen – vor, alles zu »können«, sind jedoch durchweg unbedarft.

Die Erfahrungen mit türkischen Handwerkern beim Bau unseres Hauses hätten ausgereicht, einen in die Irrenanstalt zu bringen. Kurz vor dem Einzug hatte sich eine ganze Ziegelwand mit Wasser gefüllt, weil ein darin verlaufendes Rohr höchst eigenwillig verschraubt war; eines Nachts kamen mit großem Getöse in der Küche die Fliesen von der Wand; der Regen drang durchs Dach, und der erste Herbststurm bescherte unserem Nachbarn ein paar unserer Dachziegel... *boş ver!* Im Bad war das Abflußloch für die Toilette zugemauert worden, die Eingangstür wurde falschherum montiert, so daß sie sich geradezu einem zehn Zentimeter breiten Spalt öffnen ließ – seit der Korrektur schließt sie nicht mehr richtig –, eine Außenwand wurde offensichtlich mit wasseranziehendem Mörtel erstellt, sie sorgt im Winter für beständige Feuchtigkeit und und und.

Zwar stand mein Mann täglich auf dem Bau und verhinderte zweifellos das Schlimmste. Aber er war selbst kein Fachmann und deshalb auf die *usta* (Meister) angewiesen, deren Können kein Meisterbrief ausweist, sondern sich auf den Ruf gründet, den sie bei Kollegen genießen. Es mag ja tüchtige, erfahrene Leute geben; die meisten freilich kommen frisch vom Dorf, haben zugeschaut, wie es die anderen machen und tun nun ihr Bestes.

Der aktue Arbeitskräftemangel im Baugewerbe garantiert jedem, der in einem bestimmten Männercafé herumsitzt und auf einen Patron wartet, Beschäftigung. Bleibt nur, auf »learning by doing« zu hoffen, denn es wird, wie gesagt, emsig gebaut. Schätzungsweise eine Million neue Eigentumswohnungen sind in den achtziger Jahren entstanden, und der Boom hält an.

Genauso wie auf die selbständige Existenz ist der Türke auf die eigenen vier Wände erpicht. Es ist eine Frage der Ehre, auf niemanden angewiesen zu sein, auch nicht auf den Hausbesitzer. Daß Türken nicht gerne zur Miete wohnen, gründet nicht zuletzt in der Tatsache, daß die Vermieter nichts für die Erhaltung ihrer Häuser tun, sie oft geradezu verfallen lassen. Und der Mieter hat kein Interesse, sein Geld in eine Wohnung zu stecken, die ihm gar nicht gehört.

Landleute, die in die Stadt ziehen und das Kapital für eine Eigentumswohnung nicht aufbringen können, lösen das Problem auf traditionelle Weise: durch wilde Landnahme. Das türkische Gewohnheitsrecht gestattete, daß wer auf Niemandsland (das eigentlich dem Staat gehört) innerhalb einer Nacht ein *gecekondu* (»über Nacht errichtet«), eine Hütte mit mindestens vier Wänden und einem Dach, baute, nicht mehr vertrieben werden durfte. Inzwischen ist diese Art des wilden Siedelns im Einzugsbereich der Städte gesetzlich verboten, wenn auch bereits bestehende Siedlungen immer wieder legalisiert werden. Die Behörden wollen verhindern, daß Slums entstehen mit einem Großstadtproletariat, das Probleme bringt. Laut Statistik wohnen mittlerweile über die Hälfte aller Einwohner Instanbuls, Ankaras und Izmirs in solchen Hüttensiedlungen, die man sich gleichwohl nicht als Elendsviertel vorstellen darf.

Zuwanderer vom Dorf siedeln möglichst in der Nähe von Verwandten oder ehemaligen Nachbarn, die die Eingliederung erleichtern; sie helfen, die primitive Hütte in ein stabileres Haus zu verwandeln und Arbeit zu finden. Zunächst nehmen alle Familienmitglieder jeden sich bietenden Job an, auch die Kinder tragen durch Verkauf von Sesamkringeln, mit Schuheputzen, Botendiensten und ähnlichem zum Unterhalt bei. Junge Leute, die noch nicht die Verantwortung für eine Familie tragen, ziehen Jobs ohne Kündigungs- und Versicherungsschutz vor, obwohl solche Schwarzarbeit in der Türkei ungesetzlich ist. Sie reizt der höhere Lohn, der sich aushandeln läßt, solange Arbeitskräfte gesucht werden. Das ist zur Zeit in den Städten, in der Marmararegion und an der West- und Südküste vornehmlich während der

Sommersaison der Fall. Am Bau, im Transportwesen, als Verkaufspersonal, Kellner, Teller- und Autowäscher oder Hilfsarbeiter in den euphemistisch *atölye* genannten Fabrikchen, in denen Arbeitsschutzvorschriften keine Gültigkeit zu haben scheinen, werden laufend Arbeitskräfte gebraucht, die man von heute auf morgen einstellen und rauswerfen kann.

Familienväter dagegen setzen auf Sicherheit und sind bestrebt, wegen des Ansehens und wegen der Rente eine Dauerstellung zu bekommen, etwa als Busfahrer bei den Verkehrsbetrieben, als Kantinenkoch, als Pförtner in der Bank, als Hausmeister, als Industriearbeiter in einem soliden Unternehmen (Monatseinkommen zwischen umgerechnet 150 und 300 Mark; wer besondere Fertigkeiten und Abschlüsse aufweisen kann, verdient in der Industrie natürlich mehr). Oft geht es nicht ohne Fürsprache und Protektion; die etablierten Verwandten und Bekannten verbürgen sich für den Neuling. Auch unter den Frauen funktioniert dieses System. Wenn eine Dame der Gesellschaft mit ihrer Putzfrau aus dem *gecekondu* zufrieden ist, empfiehlt sie in ihrem Bekanntenkreis, deren Verwandte oder Freundin zu beschäftigen.

Meine getreue Raziye, die vor zehn Jahren zusammen mit mehreren Verwandten aus ihrem Dorf bei Sivas nach Izmir zugewandert war, wohnt schon nicht mehr im *gecekondu*. Seit ihr Mann als Kassierer bei einer Bank arbeitet, haben die beiden ein Appartement an der Hauptstraße gemietet, und nun sparen sie auf eine Eigentumswohnung.

Ich kenne Raziyes Leute und besuche sie öfter im *gecekondu* auf dem Hügel über Yeniköy, ebenso wie Hatice, die aus dem Heimatdorf meines Mannes stammt. Auf dem Weg hinauf komme ich jedesmal außer Atem, so steil geht es bergan. Oben kann man die ganze Izmirer Bucht überblicken und die herrliche Luft genießen. Bis zur halben Höhe hat die Stadtverwaltung die Straße geteert, dann kommt Schotter. Zur Rechten grasen Ziegen unter knorrigen Olivenbäumen. Hühner und Enten laufen umher, einzelne Häuser haben schmale Vorgärten, in denen Zwiebeln und Salat sprießen. Noch geht es ländlich zu im *gecekondu*. Aber auch hier wird gebaut. 1987 gab es eine Amnestie, wie meistens vor Wahlen, da konnten die Leute für wenig Geld das Grundstück, auf dem sie »schwarz« wohnten, legal von der Gemeinde erwerben. Viele haben daraufhin die ersten vier Wände eingerissen und einen manchmal mehrstöckigen stabilen Bau errichtet.

Hatices Mann hat gleich nach der Amnestie ein oberes Stockwerk ausgebaut, in dem die Familie jetzt schön luftig haust, während der Unterstock an Neuankömmlinge aus dem Dorf vermietet ist. Mit ihren Nachbarinnen sitzt Hatice handarbeitend in der Nachmittagssonne draußen unter den Bäumen. Ich werde durch Zurufe begrüßt. Mit Häkeln, Stricken, Nadel- und Näharbeiten verdienen die Frauen dazu. Immer wird auf etwas gespart: auf Holz und Kohlen, Winterkleidung, ein Telefon, den Ausbau der Küche.

Hatices Mann ist Maurerpolier, ein richtiger *usta*. Ihn hätten wir beim Bau unseres Hauses nötig gehabt, aber damals arbeitete er gerade in Libyen. In der Saison verdient er gut, aber im Winter müssen oft lange Regenwochen – ohne Arbeitslosengeld – überbrückt werden. Die beiden Buben gehen auf die höhere Schule, sie brauchen Schuluniformen und Bücher, denn es gibt keine Lehrmittelfreiheit. In den Ferien arbeiten sie zur Aufbesserung des Familienbudgets in der Autowerkstatt. »Wenn die mal Ingenieur sind...« träumt Hatice. Ihre Älteste, die 16jährige Ayşe, schafft auf einer staatlichen Obstplantage. Wegen des Babys, der kleinen Ayla, ist Hatice ans Haus gefesselt, sonst würde sie wohl wie ihre Schwester Melike zum Putzen gehen. Melike hat zwei Kinder (9 und 12), die sie tagsüber in der Obhut der Nachbarinnen lassen kann.

Ohne die Solidarität der Frauen wäre das Leben im *gecekondu* kaum erträglich. Gemeinsam werden schwere Arbeiten verrichtet, wie der Wocheneinkauf auf dem Markt – diese Schlepperei den Berg hinauf – und das Wäschewaschen, wobei das Wasser in Kesseln draußen auf offenem Feuer erhitzt wird. Hatice stellt ihre neue Waschmaschine – ungern – für die großen Teile wie Handtücher und Bettwäsche zur Verfügung. Wenn eine der Frauen krank oder im Wochenbett ist, kochen und putzen die Nachbarinnen selbstverständlich. Und das Zusammensitzen bei einem Glas Tee am Nachmittag dient nicht allein der Entspannung – im Winter beispielsweise hilft es, Heizmaterial zu sparen.

Manchmal allerdings gibt es Probleme. Ich soll es wohl nicht mitkriegen, aber die Frauen ärgern sich über Handan, die ständig bei den anderen in der Küche Wasser holt statt vom etwas entfernteren Brunnen, »wie wir das doch alle früher getan haben«, als es noch keine städtische Wasserleitung gab. Handans Mann, der schöne Mustafa, liegt wieder einmal arbeitslos auf dem Sofa und hat kein Geld, eine Wasserleitung ins Haus verlegen zu lassen.

Als Hatice Ende der siebziger Jahre hier ankam, gab es

im *gecekondu* nicht mal elektrisches Licht, sagt sie. Inzwischen hat die Stadtverwaltung die älteren *gecekondu*-Gebiete saniert, die Straßen befestigt, für Licht, Wasser, Müllabfuhr und Schulen gesorgt. »Ich finde es gut, daß keine *gecekondu* mehr gebaut werden dürfen. Wer jetzt noch schwarz siedelt, der weiß doch, daß es verboten ist«, sagt Melike. Neulich erst hatten die Abrißbagger auf Befehl des Bürgermeisters eine Reihe von neuen Hütten dem Erdboden gleichgemacht. Die Empörung in der örtlichen Presse war groß. Die Fotos zeigten weinende Frauen, eine Großmutter, die sich Steine werfend den Räumkommandos in den Weg stellte, Familien, wie sie unter freiem Himmel übernachten, verstreuten Hausrat, eingerissene Mauern.

»Wo sollen die Menschen denn hin?« fragt Ayşe. Ihre Tante Melike ist da besser informiert: »Draußen am Flughafen stehen leere Wohnblocks. Die kann man vom Bürgermeister ganz billig mieten oder auf Raten kaufen.« Ich weiß, Sozialwohnungen. Die neue Politik der Stadtväter sieht Trabantenstädte anstelle von *gecekondu*-Siedlungen vor. Bloß, werden die Betroffenen mitmachen? »Hier auf dem Berg ist es natürlich schöner, so frei, ein bißchen wie zu Hause«, kommentiert Melike meine Zweifel.

Und nun fragen Sie vielleicht: Weshalb drängen die Menschen von den Dörfern in die Städte (1930 wohnten 75 Prozent der Gesamtbevölkerung auf dem Land, heute sind es um 45 Prozent) und vom Osten der Türkei in den Westen? Viele kurdische Familien haben wegen der schlechten Lebensbedingungen und der kriegerischen Unruhen ihre Heimat im Südosten verlassen. Inzwischen gibt es im Westen der Türkei wohl ebenso viele

Kurden wie im Osten. Sie suchen Verdienstmöglichkeiten wie die anderen Migranten, deren Arbeitsplätze auf dem Land durch den Einsatz von Maschinen weggefallen sind. Andererseits sind durch Erbteilung Kleinbetriebe entstanden, in denen sich Traktoren, Düngemittel und künstliche Bewässerung nicht rentieren; dieses Land wird oft aufgegeben und an landwirtschaftliche Großbetriebe verkauft.

Ich weiß von Dörfern, aus denen alle jungen Leute weggezogen sind, weil, so sagen sie, die bäuerliche Arbeit keinen Überschuß bringt; Acker und Vieh garantieren zwar ein Auskommen, aber es fehlt das Geld für die Annehmlichkeiten des Lebens. Der Boden ist karg, die Winter sind hart, die Sommer trocken, die Wege weit, es gibt keine Fortbildungsmöglichkeiten für die Kinder, keinen Arzt in der Nähe... Im besten Fall schicken die Jungen den Alten Geld, fahren im Urlaub mit dem Auto vor, bringen Fernsehapparat und Kühlschrank mit, lassen einen Brunnen bohren, eine elektrische Mühle bauen.

Das Heimatdorf meines Mannes bei Niğde in Mittelanatolien ist – dank den wohlhabend gewordenen Auswanderern – inzwischen komfortabel ausgestattet: neben Elektrizität, fließend Wasser, Kanalisation, besitzt es eine Krankenstation und sogar eine Bibliothek; mehrere dorfeigene *dolmuş* halten eine ständige Verbindung zur nahen Stadt aufrecht. Weshalb hier die jungen Leute immer noch fortdrängen, will ich von meinem Mann wissen. »Auf dem Land ist kein Leben«, bekomme ich zur Antwort, »man kann nirgends hingehen und nichts unternehmen; jeder Atemzug wird kontrolliert und kommentiert.«

Ob in der Türkei eines Tages – bedenkt man den Wandel, vielleicht schon bald – die Rückbesinnung aufs Land einsetzt, die große Stadtflucht, die Wiederentdeckung der Natur und des einfachen Lebens? Obwohl der Türke alles Europäische bewundert und nachahmen möchte, den Drang zur ländlichen Idylle wird er so schnell nicht teilen.

Die heimische Filmindustrie hat erfaßt, daß Szenen aus dem Dorfmilieu – je wilder die Berglandschaft, je erbarmungsloser das Wetter, je altväterlicher und martialischer die Sitten, desto besser – auf europäischen Festivals Beachtung und Preise einbringen und sich dank der im Ausland virulenten Nostalgiewelle dort auch gut verkaufen. In der Türkei rufen sentimentalische Heimatfilme nur ein müdes Lächeln hervor: Aufbruch in die Moderne und ungetrübte Fortschrittsgläubigkeit haben ein zwiespältiges Verhältnis zu einer untergehenden Welt geschaffen.

Zwischen Asien und Europa
Von der ungleichen Liebe zwischen
Türken und Deutschen
und vom rettenden Humor

*A*lman mısınız? Sind Sie deutsch?« Diese häufig gestellte Doppelfrage und die – bei bejahender Antwort – freudige Reaktion bringt mich angesichts Mölln und Solingen arg in Verlegenheit. Aber früher schon war mir die spontan geäußerte Zuneigung nicht nur von seiten ehemaliger »Gastarbeiter«, sondern auch von Leuten, die Deutschland nur vom Hörensagen kannten, etwas unheimlich. Ging man etwa davon aus, daß ich durch meine Ehe mit einem Türken sozusagen die *gelin* (Braut, Schwiegertochter) des ganzen Volkes geworden war?

»Die Deutschen sind mit uns verwandt«, erklärte mir unser Apotheker. Als Beweis führte er die in den letzten acht Jahren geschlossenen 20 000 Ehen deutscher Frauen mit türkischen Männern an, die, wie türkische Zeitungen nicht müde werden zu berichten, durchweg glücklich sind.

Trotzdem wird es schwerlich der deutschen *gelin* zuzuschreiben sein, daß der Glaube des Türken an den guten Deutschen kaum zu erschüttern ist. »Wir lieben die Deutschen. Trotz allem«, versicherte mir der Pressesprecher des Izmirer Oberbürgermeisters, mit dem ich zu einem Gespräch über das Abfallbeseitigungsprogramm der Stadt verabredet war. Auf meinen erstaunten Blick hin holte er weiter aus: von der Freundschaft der preußischen Könige mit den Osmanen über Bismarcks Vermittlerrolle auf dem Berliner Kongreß bis hin zum türkischen Unabhängigkeitskampf und den beiden Weltkriegen, in denen sich die Deutschen als »zuverlässig« erwiesen, das heißt die Türkei nicht überfallen hätten, wie beinahe die ganze übrige Welt. So etwas vergißt man nicht.

Was hat das alles mit dem Müll von Izmir zu tun? werden Sie jetzt sicher fragen. O ganz einfach: An der neuen städtischen Kompostierungsanlage mit ihrer Verarbeitungskapazität von 500 Tonnen pro Tag haben deutsche Fachleute mitgebaut – wie an so manchem in diesem Land. Unvergessen sind natürlich die Ingenieure der »Bagdadbahn«, die zwischen Istanbul und der irakischen Grenze die Gleise verlegten; das war eine Pionierleistung! Die Strecke verläuft durch zahlreiche Tunnels, und die Leute erzählen gern von einer mutigen blonden Frau Ingenieur, die ihrem Berufskollegen erst das Jawort gab, als sie sich, von verschiedenen Seiten bohrend, im Berg begegneten. Der beim Brückenbau in die schwindelnde Tiefe abgestürzte »Doktor Hans« genießt ein mittlerweile legendäres Ansehen und wird in der Bevölkerung verehrt. Vor den beiden Bahnhöfen von Istanbul, Sirkeci am europäischen und Haydarpaşa am asiatischen Ufer, stehen zur Erinnerung die kleinen Lokomotiven der Firma Krauss Maffei, wie Spielzeug.

Auch der Beginn des türkischen Fernsehens (1968) ist dem Freund Bundesrepublik zu verdanken, der ein vollständiges Fernsehsystem zur Ausbildung des technischen Personals und einen kleinen Sender gespendet hatte. Ganz zu schweigen von den vielfältigen Produkten »made in Germany«, denen man im Alltag begegnet: Personenaufzüge und Bergbahnen, Fährschiffe und Mühlen, Bagger, Busse, Mopeds und Panzer. Oder eine Dimension kleiner: Wundpflaster, das bezeichnenderweise *flaster* heißt, und Mayonnaise, Bier und Haarshampoo mit deutschen Namen. Inzwischen werden viele dieser Markenartikel gar nicht mehr importiert, sondern in Lizenz oder dank *joint venture* in der Türkei hergestellt.

Das alles erklärt gewiß nicht das besondere Verhältnis der Türken zu *den* Deutschen, zumal längst andere Länder wie die USA, die Niederlande und Japan mit ihrer Technologie auf dem türkischen Markt präsent sind. Vielleicht kann man Liebe nicht erklären. Der Pressereferent vermutete zuletzt, nachdem er mir die Kompostierungsanlage im Detail erläutert hatte, daß die Zuneigung aus der »Wesensähnlichkeit« (!) resultiere: »Wissen Sie, beide Völker sind ehrgeizig, tapfer und aufrichtig.« Mir will scheinen, ein anderes Zitat kennzeichnet das Verhältnis der beiden Nationen, das eigentlich ein Mißverhältnis ist, weit hellsichtiger. Der Lyriker Fazıl Hüsnü Dağlarca (geb. 1914) schrieb die Verse: »Ich liebe die Deutschen, ach/die Deutschen lieben Maschinen.«

Tatsächlich ist die Türkei von ihrem vermeintlichen Freund in den letzten Jahren oft enttäuscht worden. 1987 hatte die türkische Regierung einen Antrag auf Vollmitgliedschaft in der EU gestellt. Die Bundesrepublik setzte sich jedoch keineswegs wie erhofft in besonderer Weise dafür ein, so daß die anfängliche Europabegeisterung in der Türkei sich langsam verflüchtigt. Zwar bleibt die EU noch immer ein wichtiger Handelspartner (etwa die

Hälfte aller Im- und Exporte werde mit EU-Ländern abgewickelt), doch schaut sich die Türkei für ihre expandierende Industrie inzwischen nach neuen Märkten um, etwa in den unabhängig gewordenen Staaten der alten Sowjetunion, in Fernost und im arabischen Raum.

Einen wirklichen Schock versetzte dem deutsch-türkischen Verhältnis das Einfrieren der deutschen Rüstungsgüterhilfe im März 1992 aufgrund der Vermutung, die Türkei benutze deutsche Waffen und Panzer gegen die eigene kurdischstämmige Bevölkerung im Südosten des Landes. »Wohl kaum jemals sind türkische und deutsche Argumentationen so aneinander vorbeigelaufen wie in der Einschätzung des Kurdenproblems in der Türkei«, sagte dazu die Hamburger Turkologin Petra Kappert. Aus türkischer Sicht stellt die PKK eine terroristische Vereinigung dar, die das Land spalten will. Nur dagegen richte sich der Kampf, nicht etwa gegen die kurdische Bevölkerung, die im übrigen unbehelligt das Kriegsgebiet verlassen und sich im Westen des Landes niederlassen könne.

Auch die Medien tragen nicht gerade zur Annäherung der Standpunkte bei, im Gegenteil. Türkische Zeitungen verstehen nicht, weshalb man in Deutschland »Minderheitenrechte« für die Kurden einklagt, da diese längst etwas viel Besseres, nämlich das volle Bürgerrecht besäßen. Die deutsche Seite versteht nicht, weshalb Leyla Zana und weitere drei kurdische Parlamentarier wegen »Separatismus und Unterstützung einer Terrororganisation« zu 15 Jahren Haft verurteilt wurden, nur weil sie »Gerechtigkeit für ihr Volk« verlangen.

Daß Sie bei ihrem Türkeibesuch auf alle diese komplizierten Sachverhalte angesprochen werden, müssen Sie gleichwohl nicht befürchten. Dem Gast stellt man keine kritischen Fragen, man bringt ihn nicht in Verlegenheit. Umgekehrt scheint der *almanyalı*, der Gastarbeiter, wenn er den Urlaub in der Türkei verbringt oder endgültig in die Heimat zurückgekehrt ist, nur noch gute Erinnerungen an das kalte Land im Norden gespeichert zu haben. Natürlich weiß »man« von den schlimmen Exzessen der *dazlaklar*, der Glatzköpfe, wie die Neonazis heißen, doch das sind nicht *die* Deutschen. Und persönlich war man von Ausländerfeindlichkeit nicht betroffen, das verlangt die Selbstachtung. Mehr noch, die vielen Rückkehrer, die mir begegnet sind, sprechen von Deutschland fast wie von einem verlorenen Paradies, mit glänzenden Augen und Sehnsucht in der Stimme. Von den sauberen Straßen und der Ordnung im Verkehr schwärmt mir ein Taxifahrer vor, der 25 Jahre lang in deutschen Autofabriken geschuftet hat. Die vorbildlichen sozialen Regelungen und die korrekte Amtsführung der Behörden lobt ein *lokantacı*, der nach einem Arbeitsunfall in einer deutschen Firma Invalidenrente bezieht. Aus alledem wird geschlossen, daß die Deutschen insgesamt doch gute Menschen sein müssen, auch wenn sie leider vom Leben (Essen, Freundschaft, Familie, Entspannung) nichts verstünden.

Die negativen Erfahrungen finden ihren Niederschlag in der inzwischen unübersehbaren Gastarbeiterliteratur, werden von Karikaturisten und Kabarettisten aufgegriffen. Kennen Sie nicht Muhsin Omurca und Şinasi Dikmen aus Ulm mit ihrer – deutschsprachigen – Satire auf die Integration? Oder das türkische Putzfrauen-Kabarett aus Köln?

Vielleicht kann man verfahrenen Situationen überhaupt nur mit Humor und Satire beikommen. Dafür scheint das türkische Volk eine Ader, eine ausgesprochene Begabung zu haben. Und die türkische Sprache, deren Struktur knappe, pointierte Formulierungen viel leichter zuläßt als das vergleichsweise schwerfällige Deutsch, ist wie geschaffen für witzigen Schlagabtausch, Necken und Frotzeln, Andeutungen und geschliffene Sentenzen. Leider läßt sich dieser Teil der türkischen Kultur nur schwer vermitteln. Das zeigt sich unter anderem an den Übersetzungen der Satiren des Erzählers Aziz Nesin (1915–95) ins Deutsche, die weit vom Original entfernt sind. Der Autor, der mehrfach im Gefängnis saß und noch kurz vor seinem (natürlichen) Tod Morddrohungen islamischer Fanatiker erhielt, hat alles das unter die Lupe genommen, worunter der normale Bürger leidet: Bürokratie und Militarismus, Korruption und religiöse Borniertheit.

Das türkische Volk liebt seine Satiriker und freut sich auf die Sommermonate, wo in den Freilufttheatern überall Kabarettisten auftreten. Seit es Fernsehen gibt, kann man dasselbe regelmäßig auch zu Hause genießen. Die Truppe von Levent Kırca zum Beispiel übt seit Jahren mit der Sendung *Olacak okadar* (Soweit kommt's noch!) Kritik an den Autoritäten, stets am Rande des Erlaubten jonglierend, mit Verbot und Verhaftung rechnend.

Die Namen der Filmkomiker Zeki Alasya und Metin Akpınar, von Şener Şen, Kemal Sunal, Ilyas Salman und Adile Naşit kennt jedes Kind. Ihre Filme greifen voll ins Alltagsleben des kleinen Mannes und der kleinen Frau, sie bieten eine rasante Handlung und Witz ohne Schweinereien. Im schlimmsten Fall reiht sich ein Gag an den anderen, im besten sind die Zuschauer gerührt von der tragischen Aura der komischen Figur, etwa wenn Adile Naşit als spätes Mädchen ihren vermeintlichen Bräutigam umkost, wenn Şener Şen als verarmter Großgrundbesitzer in der Stadt mit Gelegenheitsarbeit sein Leben fristet oder Kemal Sunal, der ständige Versager, für die Kinder des *gecekondu*-Viertels einen Sportplatz erkämpft.

Auch die Familien- und Nachbarschaftsserien im Vorabendprogramm haben nichts von der zähen Bemühtheit vergleichbarer deutscher Produktionen. Selbst die unvermeidliche Krankenhausserie kommt in der Türkei nicht blutrünstig unfallschwanger daher, sondern als groteske Oper mit durchgedrehtem Krankenhauspersonal. Übrigens, wie sollte es anders sein, gibt auch der *almanyalı*, der Rückkehrer aus Deutschland, eine komische Figur ab. Wie er aus dem dicken Mercedes steigt, Geschenke an Verwandte und Nachbarn verteilt, nur noch Whisky trinkt und die Ehefrau Nescafé, was erwiesenermaßen Türken gar nicht schmeckt... Und dann der Lastwagen, aus dem die nagelneue Wohnungseinrichtung quillt. So lächerlich es klingt, aber mit diesem Repräsentationsgehabe gewinnen die Rückkehrer am ehesten die Herzen ihrer Landsleute. Wer aus Deutschland alle die begehrten Dinge mitbringt (die es im Land genauso – zu europäischen Preisen – zu kaufen gibt), der macht Eindruck auf die neuen Nachbarn und wird akzeptiert. Die kluge Frau des *almanyalı* lädt möglichst bald alle Nachbarinnen zum Tee ein und führt ihnen ihr Porzellan, die Friteuse und den Mikrowellenherd, die Erinnerungsnippes in der Vitrine und den selbstgefilmten Videostreifen vom Beschneidungsfest des Jüngsten vor: »Wir haben einen Saal gemietet und dreihundert Leute eingeladen. Sogar die Deutschen haben gestaunt.«

»Nehmen denn die Türken alles von der lächerlichen Seite?« werden Sie jetzt fragen. Nun, neben der volkstümlichen Bewältigung der Alltagsprobleme gibt es im Kino auch die intellektuelle Weltsicht, die sich weniger »leichtfertig« äußert, eher schon schwerblütig und rätselhaft. Soll man sich auch diese Merkmale mit den Facetten der türkischen Seele erklären? Oder, recht praktisch, aus den Bedingungen, unter denen türkische Regisseure arbeiten müssen? Einerseits unterliegt ja jeder Film der Zensur, die politisch unerwünschte Szenen eliminiert, wenn nicht gleich der ganze Film verboten wird; andererseits setzen Geldmangel und, damit zusammenhängend, veraltete Geräte und Studios dem künstlerischen Wollen enge Grenzen.

Trotzdem sind einzelne Meisterwerke entstanden, beispielsweise *Anayurt Oteli* (Hotel Mutterland) von Ömer Kavur. Der Regisseur hat ein Gespür für die Atmosphäre von Drehorten, hier einer türkischen Kleinstadt mit einem alten Hotel am Bahnhof. Dort erhängt sich der einsame verzweifelte Hotelier, den Macit Koper geradezu beklemmend eindringlich verkörpert, nach aufwendigen Vorbereitungen in dem Hotelzimmer, in dem einmal eine geheimnisvolle Frau übernachtet hat.

In Deutschland kennt man den türkischen Film hauptsächlich durch Yılmaz Güney, der nach abenteuerlicher Flucht aus dem Militärgefängnis sein Meisterwerk *Yol* (Der Weg) mit in den Westen brachte. Leider bewirkte dieser Film wieder eines der ganz großen Mißverständnisse zwischen den »Freunden«. In Deutschland vermeinten die erschütterten Zuschauer ein realistisches Bild der Türkei der achtziger Jahre zu sehen, was türkische Gesprächspartner bestürzt zur Kenntnis nahmen und kaum zu korrigieren vermochten, denn welcher Deutsche verfügte zu jener Zeit schon über persönliche Türkeierfahrungen? Zudem ist die Filmsprache eines Güney so realistisch wie die eines Pasolini, mit dem er oft verglichen wurde.

Zum Interesse des Westens an Yılmaz Güney trug natürlich auch bei, daß seine Filme lange Zeit in der Heimat verboten waren. Heute sind sie dort ebenso zugänglich wie die Werke des Dichters Nazim Hikmet, der ja von Deutschlands Linken ebenfalls wegen seines Schicksals als politischer Gefangener fast mehr geschätzt wird als wegen seines bedeutenden Werkes, aus dem die meisten »Freunde« gerade mal ein paar Gedichte kennen. Dabei fehlt es in diesem Fall nicht an gelungenen Übersetzungen.

Allgemein jedoch ist zu beklagen, daß ein Großteil der türkischen Gegenwartsliteratur nicht in deutscher Sprache vorliegt. Ich fürchte, es sprengt den Rahmen dieser *Gebrauchsanweisung*, wenn ich Sie jetzt auch noch mit diesem dunklen Kapitel der deutsch-türkischen Beziehungen belaste. Die rhetorische Frage sei freilich erlaubt, warum Adalet Ağaoğlu, eine der bedeutendsten Erzählerinnen der zeitgenössischen türkischen Literatur, die in ihrer Heimat zahllose Preise erhielt und deren Romane ins Englische und Französische übersetzt wurden, von deutschen Verlagen so gut wie gar nicht zur Kenntnis genommen wird.

Könnte es sein, daß ihre sprachlich meisterhaften Texte, die ein großstädtisch intellektuelles Frauenbewußtsein widerspiegeln, nicht zu dem in Deutschland gepflegten Türkei-Image passen, das sich aus archaisch-mythischen Dorfgeschichten speist, wie sie Yaşar Kemal in seinen Mehmet-Büchern und Fakir Baykurt in der *Rache der Schlangen* erzählen? Selbst der Kultautor der türkischen Jugend, Orhan Pamuk, paßt noch ins Bild, denn seine Romane sind so abgründig verwirrend, so stoffreich und skurril, kurz, so orientalisch, wie »man« sich den Türken vorstellt.

Ein weites Feld. Vielleicht fangen Sie an, Türkisch zu lernen und die verborgenen Texte im Original zu lesen. Denn: »Wer die Dichtung eines Volkes nicht kennt, kennt seine Seele nicht«, sagt ein türkisches Sprichwort.

Basar – pazar

Eine Reise ohne Einkaufsbummel? Das geht nicht. Zumindest ein konkretes Erinnerungsstück sollte belegen, daß Sie in jenem fernen Land gewesen sind. Ein Souvenir muß ja nichts nutzlos Schönes für die Vitrine sein wie die grünspanige Kupferkanne, der Pfeifenkopf aus Meerschaum, der silberbestickte Stoffgürtel. Pfiffige Urlauber decken sich in der Türkei mit Jeanshosen, T-Shirts und Jogginganzügen ein, einfach weil diese Dinge, aus heimischer Baumwolle hergestellt und exportgerecht gestylt, gut und überaus preiswert sind.

Eine Freundin aus Berlin schätzt die Riesenauswahl an *terlik*, Pantöffelchen, die die Türkin sowohl zu Hause und im Bad trägt als auch in der warmen Jahreszeit auf der Straße so wie andere Leute Sandalen. Hat man sich erst einmal daran gewöhnt, daß der Schuh auch ohne Fersenriemen hält, mag man diese Art des blasenfreien Laufens, Stöckelns, Schlurfens (je nachdem, ob die *terlik* Absätze haben oder nicht) ungern missen.

In der Türkei finden Sie einige praktische Dinge des täglichen Gebrauchs, mit denen Sie Ihre Lieben daheim beglücken können: etwa die *hamam kesesi*, einen Waschhandschuh aus rauhem Stoff, mit dem man im Bad die Haut abrubbelt, bis sie seidenweich ist. Oder handgestrickte, bunte Wollstrümpfe, die wunderbar warm halten. Oder einen *şalvar*, die weite, geblümte Pluderhose, wie sie die Frauen hier zur Haus- und Feldarbeit tragen. Dieses Kleidungsstück scheint in Deutschland in Mode zu kommen: In einer Münchner Boutique habe ich einen »echten« *şalvar* zu 200 Mark gesehen, der hier für etwa 20 Mark zu haben wäre. Wen wundert's, daß die enormen Preisunterschiede den Reisenden dazu verlocken, eine Ware in der Türkei zu kaufen, die er genauso zu Hause bekäme. Bei Lederkleidung springt bekanntlich der Drei-Tage-Trip nach Istanbul (Flug, Ü/F) heraus, wenn Sie auf ein Nappakostüm oder auf Mantel und Lederhose aus sind.

Kommen wir zu romantischeren Gegenständen. Natürlich hat auch ein Teppich (*halı*), so schön er sein mag, seinen praktischen Wert. Dem Nomaden in seinem Zelt war (ist) er ein Schutz gegen Kälte, ein Ausgleich der Unebenheiten des Erdbodens. Nun leben die Türken längst nicht mehr im Zelt; Sofas und Stühle sind bis in den hintersten Winkel des Landes vorgedrungen. Dennoch ist es allgemein üblich, auf dem Teppich oder Kelim am Boden zu sitzen. Wie gemütlich das sein kann, habe ich bei meinen Schwiegereltern erlebt, deren Wohnzimmer keinerlei Möbel enthält, aber mit mehreren Lagen dicker handgeknüpfter Teppiche von Wand zu Wand ausgestattet ist. So haben an Besuchs- und Feiertagen leicht 30 Personen Platz.

Der Gebrauch und das gelegentliche Waschen macht diese Teppiche immer schöner. Allerdings tritt niemand mit Schuhen darauf. Wie vor der Moschee zieht man auch vor der türkischen Wohnung die Schuhe aus, weniger dem Teppich zuliebe – denn die Regel gilt selbst in der ärmlichsten Behausung, wo ein Stückchen Teppichboden den Zement bedeckt –, sondern um den Schmutz der Straße, überhaupt die ganze Außenwelt von dem *yuva* (Nest, Höhle, Heim) fernzuhalten. Wenn ich mir vorstelle, daß ein handgeknüpfter Orientteppich in Deutschland mit Straßenschuhen malträtiert oder ein besonders edles Stück als Kapitalanlage betrachtet wird ohne inneres Verhältnis zu solchem Kunstwerk...! Aber das ist nicht meine Sache.

Um beim Kauf nicht übers Ohr gehauen zu werden, sollte sich der Liebhaber vorher über Qualitätskriterien, als da sind Alter, Art des Materials, Beschädigungen, Knotenzahl, Farbechtheit, Stil, Schwierigkeit des Musters informieren. (Ein Leitfaden für Orientteppiche würde diese *Gebrauchsanweisung* auf das Doppelte anschwellen lassen.) Gewiß haben Sie gehört, daß der Massenbedarf an orientalischen Handknüpfarbeiten zur Massenherstellung geführt hat, zu Schluderei in Material und Ausführung. Sollten Sie mit einem garantiert alten Stück liebäugeln, trifft sich das gut mit der Liebe des Türken zu allem Neuen. Wenn heute ein junges Paar die Wohnung einrichtet, kauft es Maschinenteppiche und Auslegware – das ist modern (und nebenbei gesagt billiger). Auf Erbstücke, die womöglich schon durch Gebrauch gealtert sind und deren Pflege oft komplizierter ist, legt kaum jemand Wert. Gewitzte Aufkäufer werben denn auch an den Hauswänden mit dem Spruch: »Werfen Sie Ihren kaputten Teppich oder Kelim nicht weg, wir geben Ihnen einen neuen dafür.«

Natürlich wissen Sie, daß »alt« an sich kein Qualitätsmerkmal ist. Viele türkische Teppichhändler hegen offenbar die Meinung, Touristen kauften unbesehen alles, was »antik« aussieht. Auf dem Teppichbasar in Niğde, wo Teppiche ausschließlich von Einheimischen ersteigert werden, habe ich erlebt, daß ein Händler einen löcherigen Fetzen, den niemand haben wollte, lachend einpackte mit der Bemerkung: »Auf so was sind meine ausländischen Kunden besonders scharf.«

Ich wäre eher »scharf« auf einen nagelneuen »Yunt Dağı«, der nicht gerade billig ist (die Preise dafür liegen bei 400 DM pro/m^2). Bei den seßhaft gewordenen Nomaden des Yunt Dağı (eines Hochlands nördlich von Izmir) haben Frauen und Kinder seit eh und je Teppiche und Kelims für den Hausgebrauch hergestellt. Mit der Zeit entarteten aber die Muster, und wie überall im Land kamen synthetische Farben zur Anwendung. Seit 1983 arbeitete die Marmara-Universität in Istanbul zusammen mit Dr. Böhmer (von der Deutschen Gesellschaft für technische Zusammenarbeit) an der Analyse und Wiedergewinnung der alten Naturfarben und Färbemethoden sowie der Isolierung der traditionellen türkischen Muster. An den zwei Kooperativen für die Herstellung und Vermarktung sind inzwischen Hunderte Familien aus 40 Dörfern beteiligt. Die Teppiche werden großenteils direkt ins Ausland geliefert, sind aber auch im einheimischen Handel erhältlich. Eine Ausstellung in Izmir stellte neben einer reichen Auswahl von Teppichen – ihr dicker Wollflor, die gedämpften Farben, die klaren Motive begeisterten alle Besucher – in einem begleitenden Seminar die einzelnen Arbeitsgänge vor: die Farbgewinnung aus Pflanzenteilen und Erden, den Färbevorgang, das Knüpfen. Junge Frauen mit dem Studienfach »Textiles Gestalten« überwachen die Produktion. Ähnliche Bemühungen, die alte Teppichkunst zu retten, werden auch an anderen Orten unternommen.

Teppich oder Kelim (*kilim*), das ist die Frage. Ein *kilim* ist gewebt, oft zusätzlich bestickt. Wie der *halı* ist er ein Gebrauchsstück, etwa als Sofadecke, Sitzkissenbezug, Wandbehang, Satteldecke, Satteltaschenmaterial. Hier kann Ihnen schon mal ein günstiges Schnäppchen gelingen. Daß Kelims allgemein billiger seien, stimmt nicht; es gibt wirklich wertvolle Stücke, bei denen alles Handeln müßig ist.

Im Teppichladen sind Sie an dem Ort, wo Sie nach Herzenslust feilschen können. Das erwartet der Händler auch von Ihnen; zum einen, weil er weiß, welche Freude es dem Touristen bereitet, »echt orientalische« Sitten auszuprobieren, zum anderen, weil es bei dieser Art Ware wirklich angebracht ist. Um zu einem gerechten, für beide Seiten angemessenen Preis zu gelangen, setzt jeder erst einmal am Extrem an. Als Faustregel können Sie davon ausgehen, daß die Ware etwa die Hälfte des geforderten Preises wert ist. Nennen Sie um Himmels willen nicht den Betrag, den Sie letztlich zu zahlen bereit sind, sonst haben Sie keinen Spielraum mehr.

Doch ehe Sie das *pazarlık* (Feilschen) genießen, sollten Sie sich in Ruhe umschauen und auswählen. Der Türke nimmt sich Zeit. Lassen Sie sich ruhig stapelweise die Ware zeigen; es gibt eine unglaubliche Vielfalt an Stilen, die herrlichsten Farbabstufungen. Wenn der Händler Tee oder Mokka bringen läßt, wenn er Sie nach dem Woher und Wohin ausfragt, nach Ihrer Familie und nach Ihrem Befinden, sollten Sie das nicht nur als geschickte Verkaufsstrategie abtun, er erfüllt damit auch ein Gebot orientalischer Höflichkeit. Der Kunde wird zuerst einmal als Gast betrachtet, den man zuvorkommend und großzügig behandelt, auch wenn das Geschäft nicht zustande kommt. Es gilt als unfein, sofort von den Preisen zu sprechen. Eine Ware muß wirklich gefallen, bevor man zu »handeln« anfängt. Allerdings wäre es unklug, wenn Sie Ihr Interesse und Wohlgefallen an einem Stück allzu deutlich äußerten.

Sehen Sie das Ganze als ein Spiel an, in dem beide Seiten nicht bloß materiell gewinnen wollen, vielleicht sogar »Glück« haben, sondern wo es gleichermaßen um Selbstachtung und Ehre geht. »Willst du einen Menschen kennenlernen, so treibe mit ihm Handel«, hat der Prophet Muhammed, der selber Kaufmann war, gesagt. Im Koran wird mit Strafe bedroht, wer eine Ware falsch abwiegt oder in bezug auf ihre Beschaffenheit lügt. Leider können Sie nicht davon ausgehen, daß sich noch viele Händler an das islamische Ethos halten. Also Augen auf!

Es wird Ihnen auffallen, daß die Bezeichnung »antik« generell in einem irreführenden Sinne gebraucht wird, ohne daß immer Betrugsabsicht im Spiel ist (was jedoch nicht ausgeschlossen werden kann): manche »antike« Kupferschale, Münze, Statue ist gerade erst nach altem Vorbild in einer Hinterhofwerkstatt entstanden. In der Umgangssprache bedeutet antik soviel wie alt, gebraucht – doch klingt es besser, findet der Türke, und kommt dem offensichtlichen Faible des Touristen für alles Vergangene entgegen.

Echte Antiquitäten unterliegen einem Ausfuhrverbot und sind deshalb legal nicht im Handel. Haben Sie ein älteres Stück erstanden – sei es die silberne Wasserschale fürs *hamam* oder die mit Metallfäden bestickte Hochzeitsjacke, die Mokkamühle aus der Sultanszeit oder die handbemalten Kacheln – müssen Sie sich, um bei der

Ausreise keine Schwierigkeiten zu haben, von der Direktion eines Museums eine offizielle Bescheinigung besorgen, »that there is no objection to the piece's being taken out of the country« – also eine Bescheinigung, daß Ihr Wertstück nicht so alt oder kostbar ist, wie Sie geglaubt haben. Möglicherweise hat der Geschäftsinhaber dieses Papier schon (für Sie) besorgt.

Bei der Ausreise muß auch für einen neuen Teppich eine Quittung (*fatura, belge*) vorgelegt werden (für einen alten s. o., es sei denn, es handelte sich um einen wertlosen Fetzen).

Versagen Sie es sich, echte Antiquitäten außer Landes zu bringen, etwa Münzen, Statuetten, Säulenkapitelle aus griechisch-römischer Zeit, die die Bauern gelegentlich noch im Acker finden und anstatt abzuliefern, an Touristen loszuwerden versuchen. Auf solche Transaktionen steht Gefängnis.

Apropos Strafen, der Besitz von Drogen wird in diesem Land unerwartet hart geahndet: »Die Einfuhr, der Handel und der Gebrauch jeglicher Art von Rauschgift ist verboten und wird bei Zuwiderhandlung aufs strengste bestraft«, sagt das Gesetz. Meinen Sie bloß nicht, in so einem Fall mit den Beamten feilschen zu können. Das macht die Sache nur schlimmer.

Damit wären wir noch einmal beim *pazarlık*. In der Türkei wird längst nicht bei jedem Geschäft gefeilscht. Im Alltag würde das viel zu lange dauern und außerdem Unsicherheit schaffen. Die Auszeichnung von Lebensmitteln ist vorgeschrieben. Den Brotpreis zum Beispiel legt die Gemeindeverwaltung fest, und auf den Wochenmärkten kontrolliert eine Art Gewerbepolizei, ob Obst und Gemüse korrekt beschildert sind und die Qualität dem Preis entspricht. In einfachen Eßlokalen muß es keine Speisekarte, aber eine sichtbar aufgehängte Preisliste geben; ebenso im *hamam* und in der Poliklinik, eigentlich überall da, wo das einfache Volk mit begrenztem Einkommen die Ausgaben fürs Lebensnotwendige kalkulieren können muß. Oder wo der Staat ein Interesse an festen Preisen hat. *Pazarlık* sucht sich die verbleibenden Lücken.

Das türkische Wort *pazar* hat nichts mit dem Basar zu tun, sondern bezeichnet den Wochenmarkt, wo unter freiem Himmel Obst und Gemüse, aber auch Töpfe und Geschirr, Wäsche und *terlik* angeboten werden. Außerdem ist *pazar* der Sonntag, was jedoch keineswegs heißt, daß der Wochenmarkt am Sonntag abgehalten werden muß. Die Ladenöffnungszeiten sind in der Türkei flexibel. Lebensmittel gibt es bis zum späten Abend und am Wochenende zu kaufen, ebensolang halten Souvenirgeschäfte in Tourismusgebieten offen. Ausnahmslos geschlossen haben am Samstag und Sonntag die Banken und am Sonntag auch die Wechselstuben und der Große Basar von Istanbul, der aber gar nicht *pazar* heißt, sondern *Kapalı Çarşı*, gedeckte Ladenstraße.

Dieses schön renovierte Gewölbelabyrinth mit seiner exotischen Warenfülle hier zu beschreiben, ist weder möglich noch nötig. Wer hätte nicht schon geblendet vor Zentnern von Goldarmbändern gestanden, ohne sich entscheiden zu können? Wer hätte nicht, erschöpft von Schauen, Gedränge, Geschrei das Postamt (PTT) gesucht oder das zentral gelegene *Şark Kahvesi*, das Orient-Café, das als Treffpunkt vereinbart war? Und wer hätte sich nicht schon verlaufen und vielleicht unversehens die Werkstätten am Rande des Basars entdeckt, wo unter unsäglichen Arbeitsbedingungen jene Kostbarkeiten hergestellt werden, die das Herz höher schlagen lassen? Für den *Kapalı Çarşı* spricht seine Warenfülle – hier finden Sie die ganze Türkei in nuce.

Stärkere Anziehung als dieser gänzlich auf den Tourismus zugeschnittene Betrieb übt auf mich ein Basar für die Einheimischen aus, wie der *Kemeraltı Çarşısı* in Izmir. Auch hier fasziniert die Fülle und das Zusammentreffen der Extreme: neben ganz gewöhnlicher Kleidung gibt es den weißen Traum in Tüll und Satin für die Braut oder straßgeschmückte Prinzenanzüge fürs Beschneidungsfest. Haushaltsgeschirr und baumwollgefütterte Bettdecken (auch Anfertigung nach Maß), Strickwolle und Gartengeräte, Hängematten und Heizöfen, Klodeckel und Hundehalsbänder, lebende Hasen und Singvögel werden genauso feilgeboten wie feines Gemüse, Fisch und Innereien vom Lamm. Eine ganze Straße ist Handschmiede- und Drechslerarbeiten vorbehalten. Spottbillig sind die schönsten Holzarbeiten mit Brandmalerei, auch die Kästen für das Nationalspiel *tavla* (Backgammon), das die Männer im Teehaus spielen. Umhäkelte Baumwollkopftücher, die es überall, aber am Ende besagter Drechslergasse in einer Riesenauswahl zu kaufen gibt, stellen eine geringere Belastung für den Koffer dar. Soll es das purpurrote sein mit dem Perlenrand? Oder das türkisblaue mit der Weinblattspitze? Vielleicht das weiße mit Pailletten oder ein beiges mit gehäkelten Pfefferschoten ringsum? Selbst Türkinnen beherrschen heute die »Sprache des Kopftuchs«, das heißt die Bedeutung der Farben und Muster, nicht mehr. Die Großmütter der Frauen und Mädchen, die diese kleinen Kostbarkeiten in ihrer »Freizeit« für den Verkauf herstellen, um die Haushaltskasse aufzubessern, hätten so was früher nie getan: zu ihrer Zeit waren die Muster ein Geheimnis, das man höchstens an eine Freundin, eine Verwandte weitergab.

Noch beherbergt der *Kemeraltı Çarşısı* einige Werkstätten, und der Spaziergänger kann nach Belieben verweilen und bei der Herstellung von Schuhen, Taschen, Lampenschirmen, Kesseln zuschauen. Aber in dem Maße, wie die Verkaufsfläche im Basar kostbarer wird, verlagert sich die Fertigung an den Stadtrand. Auch aus den Gewölben des ehemaligen *Kızlar Hanı*, wo einstmals die Sklavinnen verkauft wurden, sind die Handwerker verschwunden. Nach Abriß und originalgetreuem Wiederaufbau des Gemäuers hat die Stadt ein orientalisches Shoppingcenter für Touristen eingerichtet, das sein Flair erst wieder gewinnen muß. Wo sich jetzt ein Souvenirladen an den anderen reiht, wurden einst Wasserpfeifen und Kupfergeschirre zum Gebrauch der Einheimischen hergestellt. Aber welcher Türke nimmt sich heute noch Zeit für die gemütliche Wasserpfeife? Und welche türkische Hausfrau hat nicht längst mit den unpraktischen und gesundheitsgefährdenden Kupfergefäßen aufgeräumt? Selbst den Mokka braut sie im *cezve* aus Aluminium oder Edelstahl, dem Kännchen mit dem langen Stielgriff. Nein, das sieht längst nicht mehr so schön aus. Aber falls Sie vorhaben, auch zu Hause türkischen Mokka zu genießen... das malerische Kupfer-*cezve* lassen Sie besser zum Schmuck an der Wand hängen.

Wie man den »Türkentrank« zubereitet? Ganz einfach: Kaltes Wasser im Täßchen abmessen und im *cezve* mit einem Teelöffel (pro Täßchen) mokkafein gemahlenem Kaffee und – nach Belieben – je einem Teelöffel Zucker verrühren. Zum Kochen bringen. Den Schaum ins Täßchen abgießen, den Rest im *cezve* noch einmal aufwallen lassen und ebenfalls ins Täßchen gießen. Fertig.

Ja Mokka! Im Basar steigt einem sein Duft in die Nase. Hier wird noch frisch geröstet und gemahlen. Kaffee ist Importware und entsprechend teuer, ebenso die importierten Gewürze. Dagegen kosten einheimische Lorbeerblätter, Pfefferkörner, Kreuzkümmel, Salbei und Minze fast nichts. Das gelbgrüne Hennapulver (*kına*), das in offenen Säcken angeboten wird, verheißt Glück dem, der Haare und Hände damit färbt, deshalb feiert die Braut am Vorabend der Hochzeit die *kına gecesi*, das wissen Sie von Zeyneps Hochzeit.

In das Bukett der Gewürze mischt sich der Geruch von Gebratenem; nebenan in der Imbißstube dreht sich *döner* vor dem Grillfeuer. Ein Basarbummel macht hungrig, und wie gut schmecken jetzt die hauchdünnen Fleischscheiben auf Fladenbrot mit Joghurt oder *ayran*. Vielleicht nicht gerade *döner*, aber irgend etwas Eßbares eignet sich trefflich zum Mitbringen. Da bieten sich getrocknete Feigen an (die berühmten Smyrna-Feigen), Pistazien, *lokum* oder *helva* – der echte türkische Honig aus Sesam. Aber Vorsicht: *helva* schwitzt leicht ölig durchs Einwickelpapier durch, stecken Sie es für die Reise zusätzlich in eine Plastiktüte. Vorher probieren dürfen und sollen Sie alle diese Spezialitäten, die meist offen verkauft werden. Scheuen Sie nicht die Kostprobe am Stand mit den sauer eingelegten Gurken, Pepperoni, Tomaten, Kohl, Oliven... und was sonst alles als *turşu*, Saures, möglich ist, oder beim Schafskäse. Türkische

Gastarbeiter auf Heimaturlaub nehmen davon einen ganzen Kanister mit in die Fremde, ebenso säckeweise Bohnen und *bulgur* – gegen das Heimweh.

Frauen haben Glück, sie können manches Andenken am Körper heimtragen. Jeder Basar hat seine Goldschmiedegasse, wo Armreifen, Halsketten, Ohrringe bündelweise in den Schaufenstern hängen. Auf Dekoration wird keinerlei Wert gelegt, die Masse macht's. Die Preise orientieren sich am Weltmarkt und kommen täglich an der türkischen Börse zustande. Der Händler hat den offiziellen Tageskurs pro Gramm für 24 *ayar* (Karat) beziehungsweise 22 und 18 *ayar* deutlich sichtbar auszuhängen. Sie zahlen nur für das Gewicht, nicht für die Verarbeitung, denn die Formen sind einfach und nahezu überall gleich (ausgenommen natürlich Design-Schmuck in exklusiven Boutiquen). In jüngster Zeit wird auch kunstvoller Silberschmuck hergestellt, der durch dekorativ verarbeitete Halbedelsteine besticht. Lassen Sie sich nicht beirren, wenn das Stück Ihrer Wahl keinen Stempel trägt; er ist nicht obligatorisch, auch bei Gold nicht. Und nun: *Güle güle kullan*, trag es lachend lachend, so lautet der Wunsch für jeden Besitzer einer neuen Errungenschaft.

Nachdem alle Wünsche erfüllt sind, wie erholsam, sich im Basar einfach treiben zu lassen, zu schauen und zu riechen – und betäubt von Gewühl und Geschrei sich schließlich in einer stillen Seitengasse wiederzufinden. Am Brunnen vor einer kleinen Moschee die Hände und Arme unter dem Wasserstrahl zu kühlen. Vielleicht ertönt gerade der *ezan*-Ruf *Allahu ekber*. Männer laufen zum Gebet. Man bedeutet Ihnen, ruhig sitzen zu bleiben im Vorhof der Moschee auf der Bank unter dem Weinlaubdach. Später lädt Sie jemand zum Tee ein. Sie fühlen sich richtig wohl im Orient, und morgen müssen Sie abreisen. Auch gut, die Koffer quellen über, und das Geld ist alle.

Apropos Geld: Ausländische und türkische Währung dürfen Sie in unbegrenzter Höhe mit sich führen. Die Banken tauschen Bargeld ein oder nehmen Euroschecks (nicht überall problemlos). Am günstigsten fahren Sie mit Travellerschecks international bekannter Institute (American Express, First National Bank usw.), da diese ohne lange Überprüfung angenommen und bei Verlust durch die ausstellende Bank ersetzt werden. Beim Einkauf größerer Gegenstände nehmen Händler gegebenenfalls auch D-Mark an, doch versäumen Sie nicht, sich die Zeitung mit dem Tageskurs zeigen zu lassen, damit Sie keine Umrechnungsverluste erleiden.

Diebstähle kommen in der Türkei relativ selten vor. In den großen Städten und in Touristenzentren sowie an Orten, wo Gedränge herrscht, etwa im Basar, wird häufiger gestohlen. Taschendiebe haben es dort auf die eigenen Landsleute ebenso abgesehen wie auf Touristen, die als »reich« gelten, weil ihnen das Geld locker sitzt und sie für »überflüssige« Dinge schnell mal Beträge ausgeben, von denen eine türkische Familie einen ganzen Monat leben muß. Das Bestehlen von »Gästen« wird von der öffentlichen Meinung verurteilt und der Dieb vom Gericht härter bestraft als jener, der dasselbe Delikt an einem Einheimischen verübt. *Maşallah!*

Maşallah!
Von der Beschneidung übers türkische Bad zu Hygiene und Gesundheit

Maşallah steht in Glitzerbuchstaben auf der blauen Schärpe, die der siebenjährige Ahmet quer über die Brust trägt. Sein Bruder Mehmet hat den gleichen Schriftzug auf dem *fes* aus Pappe, den ein Federbusch ziert. Beide nehmen sich in den dunkelblauen Hosen und den weißen Spitzenhemden ungemein vornehm aus. Ihnen zu Ehren spielen heute die zwei Zigeuner auf, die mit *zurna* (Oboe) und *davul* (Pauke) schon am Nachmittag vor dem Haus die Stimmung anheizen, indes Tische und Bänke aufgebaut werden und eine Lichterkette zwischen den Bäumen gezogen wird. Am Abend sind die Nachbarn zum Tanzen und Essen eingeladen. Aber zuvor dürfen alle Kinder des Häuserblocks im Autokonvoi durch die Hauptstraßen fahren – das laute Gehupe verkündet, hier ist ein Fest im Gange, das Beschneidungsfest, *sünnet*, von Ahmet und Mehmet.

Maşallah! Gott schütze sie. Zu Hause steht, geschmückt, das breite elterliche Bett bereit; es hat einen Baldachin bekommen wie im *saray*, ist mit seidenen Kissen und Decken ausstaffiert und reich mit bunten umhäkelten Kopftüchern aus Mutters Aussteuerkiste behängt worden. Dort tut in der Abenddämmerung, während die Musik von *zurna* und *davul* draußen immer heftiger wird, der Bader sein Werk. Die Beschneidung der Vorhaut des Penis ist *sunna*, das heißt ein Brauch, der auf die Zeit des Propheten Muhammed zurückgeht; eine hygienische Maßnahme, strenggenommen keine religiöse Pflicht wie bei den Juden. Muslim könnte auch ein Unbeschnittener sein; praktisch bedeutet die Beschneidung für einen türkischen Jungen jedoch seine Aufnahme in die Männerwelt. *Maşallah* sagen die Nachbarinnen, als sie Ahmet und Mehmet, die noch ein bißchen betäubt und sehr stolz unter ihrem Baldachin ausruhen, kleine Geschenke auf die Seidendecke legen. Weshalb feiern Mädchen ihre erste Menstruation nicht ebenfalls mit Musik und Geschenken? wagte Duygu Asena in ihrem bereits erwähnten Buch *Kadının Adı Yok* zu fragen. *Maşallah!* müßte man der Autorin zurufen. Mit dem Wort drückt man seine Bewunderung aus (großartig! Donnerwetter!) und gleichzeitig eine Beschwörung wie »unberufen, toi, toi, toi«, sonst könnte der böse Blick des Neiders dem Gelobten schaden.

Wer ein Neugeborenes sieht oder eine Milchkuh mit prallen Eutern, wird stets *Maşallah* sagen. Wie ein Zauberwort steht es auch auf den goldenen Amuletten, die man kleinen Kindern schenkt. Meist ziert das Schmuckstück noch eine blaue Perle oder ein blaues Glasauge, das die Abwehr des bösen Blicks verstärkt. Aberglaube, den aufgeklärte Prediger verurteilen. An den merkwürdigsten Stellen ist mir diese blaue Perle begegnet: am Rahmen des Rückspiegels im Auto, an einer neuen Wurstsorte (da wird mit der Perle sogar Reklame gemacht), am Hals von Schafen und an der Nähmaschine, am Wimpel eines Sportvereins und über der Eingangstür eines *hamam*.

Damit wären wir beim nächsten Thema. Über das türkische Bad grassieren die abenteuerlichsten Vorstellungen, und zwar sowohl unter Menschen, die niemals ihren Fuß hineingesetzt haben, als auch unter jenen, die sich mit Schaudern (Wonne, Grausen) an einen *hamam*-Besuch erinnern und diesen den staunenden Landsleuten aufs anschaulichste beschreiben. »Der Meister setzte seinen dicken Hintern auf meine Lendenwirbel«, heißt es in einer genüßlich, masochistischen Schilderung der Arbeit des Masseurs von Jean Katzenberger. Und weiter: »...knetete mich durch, als wäre ich Teig, setzte mich unter Wasser, walkte, schrubbte mit einem schwarzen Handschuh aus Ziegenhaar die letzte Spur Schweiß und Staub aus den Poren, schuppte mich ab, grub seine Finger in meine Kopfhaut und ließ sie kreisen, daß die Ohren wackelten, fetzte das Ziegenhaar über Waden, Schenkel und Bauch... und war erst zufrieden, als die Prozedur dreimal wiederholt war und ich schlaff, wie angeklatscht, an der warmen Wand hing.«

Insbesondere das Frauen-*hamam* wird als ein Ort für Klatsch, Intrige und lesbische Vergnügen fantasiert, in der Reiseliteratur nicht minder als auf Gemälden. Das bekannte *hamam*-Bild des französischen Malers Ingres zeigt eine erotische Szenerie, die klar beweist, daß der gute Mann (wie sollte er auch?) nie ein türkisches Frauenbad von innen gesehen hat. Isolde von Mersi, Journalistin und Europäerin des 20. Jahrhunderts dagegen äußert sich schockiert und begeistert über die ungewohnte Körperlichkeit, die ihr im *hamam* entgegenschlug: »Gewaltige Frauenkörper, Fett in nie gekannter Fülle, Kugelgesäße, Riesenbrüste, Hängebäuche en masse.« Sie wähnte sich in einer »Urmutterwelt«, in einem »feuchtwarmen, wohlig entspannten, leise, plätschernden Riesenuterus«.

Vielleicht ist es die Gewöhnung – ungezählte Male war ich im *hamam*, in ganz einfachen Bädern auf dem Dorf wie in mehr oder weniger feudalen der Städte –, daß ich das *hamam* weder als aufregend noch als erotisch erlebe, sondern als einen Ort, an dem man sich gründlich waschen und wohlig entspannen kann. Wo getrennte Abteilungen fehlen (häufig), gehört den Frauen die Badezeit am Nachmittag. Ich stehe mit einigen Türkinnen um zwölf Uhr vor dem Izmirer *Kemeraltı hamamı* und warte, daß der letzte Mann endlich das Bad räumt und wir hineinkönnen. Nach den Männern dranzukommen hat den Vorteil, daß die Räume richtig durchgeheizt sind – das ist im Winter wichtig –, andererseits liegen überall Zigarettenkippen und sonstige Reste herum. Die Bademeisterin schüttet zum Auftakt mehrere Kübel Wasser über den Boden und fängt an zu fegen.

Ich habe zwar keine Umkleidekabine für mich, so was ist hier nicht üblich, aber eine plastikbezogene Liege und ein paar Wandhaken. (Wertsachen kommen an der Kasse ins Schließfach). Auf der Liege gegenüber entkleidet sich mit viel Gestöhne, *ah* und *vay*, eine alte Frau, die von ihrer erwachsenen Tochter ermahnt wird, nur ja langsam zu tun. Man behält lediglich ein Höschen an und schlüpft in die hohen Holzpantinen, mit denen ich vorsichtig über den nassen Steinfußboden ins Bad hineinstakse. Weil drinnen alles feucht wird, lasse ich Kosmetiktasche und Handtuch zurück; Seife, Shampoo, Bimsstein, eine kupferne Wasserschale (*tas*) und den Rubbelhandschuh (*kese*), diese unverzichtbaren Utensilien, die gegen einen Geldbetrag auch gestellt werden, habe ich von zu Hause mitgebracht.

Durch einen halbwarmen Vorraum, in dem die Toiletten untergebracht sind, tapse ich zu der Klapptür, die in den Hauptraum führt. Hier nimmt einem im ersten Moment der Wasserdampf Sicht und Atem. Während ich noch betäubt neben dem Eingang verweile, kommt die Bademeisterin Zehra schon auf mich zu; sie hat mir ein Wasserbecken in einer Nische freigehalten. Das *hamam* ist klein; manchmal herrscht ein Gedränge und Geschrei, daß die ersehnte Entspannung in Gefahr ist. Besonders der Anblick der Kinder (auch Buben dürfen mit herein, bis sie »verständig« sind) macht mich jedesmal mitleiden, denen ihre Mütter die Köpfe waschen ohne Rücksicht darauf, daß die Kernseife in die Augen läuft, oder wenn sie die Kleinen mit der *kese* abrubbeln, daß diese laut brüllen. Aber vielleicht ist das der einzige Weg, die Zimperlichkeit abzulegen, die mich nach wie vor angesichts der Behandlung der Bademeisterin befällt.

Nun, soweit ist es noch nicht. Zuerst muß ich noch eine Weile ruhig in meiner Nische sitzen und die Haut »aufquellen« lassen. Aus zwei Hähnen läuft heißes und kaltes Wasser in das kleine Marmorbecken, wo ich die gewünschte Temperatur für die Güsse mit dem *tas* über den Körper mischen kann. Das türkische Bad ist keine Sauna, die Wärme ist nur mäßig, darum kann man sich stundenlang darin aufhalten. Es gibt keine Wannen, selten ein großes Bassin. Ein Muslim wäscht sich stets unter fließendem Wasser. Im Koran werden klare Bäche als Wonnen des Paradiesgartens beschworen. Und den Gläubigen ist verheißen, sie werden auf Ruhebänken liegen, wo sie Obst und erfrischende Getränke gereicht bekommen – fast wie nach dem Bad im *hamam*.

Um sich im hiesigen Bad paradiesisch zu fühlen, darf man sich nicht genau umschauen. Zwar bestehen Bekken, Sitzbänke und Böden aus Marmor, aber in Fugen und Ecken haben sich gelbe und graue Ablagerungen festgesetzt, die Armaturen sind rostig, und die gekalkten Wände zeigen Stockflecken. Der ständige Wasserdampf hat es sogar geschafft, die berühmten Badepaläste der Osmanen in Edirne, Bursa und Istanbul zu ruinieren. Auch da platzen von den Wänden die Fayencen ab, und der Marmor ist stumpf geworden. *Eski hamam, eski tas*, (altes *hamam*, alte Wasserschale) heißt eine Redewendung, die besagt: »Es hat sich nichts geändert«, was auf das *Kemeraltı Hamamı* im wörtlichen und übertragenen Sinne paßt.

Neben mir waschen zwei Frauen sich gegenseitig den Rücken mit viel Schaum, den sie mit reichlich Wasser wieder abspülen, daß es spritzt. Über den Fußboden fließt träge die Soße, sammelt sich in den seitlichen Abflußgräben, wo auch Haare und Seifenpapier schwimmen. Meine Nachbarinnen sitzen erschöpft auf der Steinbank neben dem Wasserbecken, sie blinzeln mir zu, bieten mir eine Zigarette an. Rauchen im *hamam* scheint mir ein bißchen viel des Dunstes. Sie seien Schwestern, sagt die eine. Die prächtige Fülle ihrer braunen Haare reicht ihnen bis zum Bauchnabel. Wie schön der Goldschmuck sich auf nasser Haut ausnimmt: Armbänder, Ketten, und zwischen den Brüsten baumelt die blaue Perle.

Nun kommt die Bademeisterin Zehra mich holen. Sie lobt mich, daß ich endlich eine richtige, »scharfe« *kese* gekauft habe. Diese Waschhandschuhe sind längst nicht mehr aus Ziegenhaar wie in früheren Zeiten, sondern aus Kunstfaser. Eine erfahrene Bademeisterin weiß den Druck richtig zu dosieren, so daß sie zwar die abgestorbenen Hautzellen herunterrubbelt, nicht aber wunde Stellen reibt. Ich bin jedesmal erschüttert, was da alles abgeht an grauen Röllchen, die mir Zehra zum Beweis ihrer Tüchtigkeit vor die Nase hält. Kann ich so schmutzig sein, wo ich mich doch täglich dusche?

Die Prozedur erfolgt auf dem heißen *göbek taşı* (Nabelstein) in der Mitte des *hamam* unter der Kuppel, von der Kondenswasser heruntertropft. Außer Zehra sind noch drei andere Bademeisterinnen am Werk, die allesamt ihre Kundinnen auf dem riesigen Nabelstein bearbeiten und drehen, auf den Rücken, auf den Bauch. Nachdem Zehra mit vielen Wassergüssen das Ergebnis ihrer *kese*-Behandlung abgespült hat, werde ich eingeseift. Ich komme mir vor wie ein Kind, bin in Versuchung, die Sache selbst in die Hand zu nehmen. Aber zum *hamam* gehört, daß man es genießt, sich bedienen zu lassen. Und eine Massage von Zehra ist unvergleichlich. Zu diesem Zweck hat sie mich nämlich eingeseift. Ich muß glatt sein, wenn sie mir die Muskeln lockert, Arme, Beine, Bauch, Schultern und alle Wirbel einzeln durchgreift, ah so angenehm, es könnte viel länger dauern. Zehra ist eine kräftige Frau mittleren Alters, freundlich und von praktischer Tüchtigkeit, die, soviel ich weiß, als Witwe zwei Kinder durchbringen muß. Sie verdient mit ihrer anstrengenden Tätigkeit etwa soviel wie eine Lehrerin – wenn die Trinkgelder nicht zu spärlich fließen.

Nach der Behandlung steht es mir frei, in der Nische

noch die Haare zu shampoonieren oder mit Henna zu färben, wie das meine hübschen Nachbarinnen inzwischen getan haben, mir mit Bimsstein die Hornhaut von den Füßen zu schrubben oder die Haare in den Achselhöhlen und die Schamhaare zu rasieren. Diese hygienische Maßnahme, der sich auch Männer unterziehen, geht auf das Vorbild des Propheten Muhammed zurück. Zehra bringt mir den Einmalrasierer aus meinem Kulturbeutel und zwei trockene Handtücher.

Ich stelle den Warmwasserhahn ab; zum Abschluß ein paar kühle Güsse mit dem *tas*. Beim Hinausgehen schlage ich mir ein Handtuch um den Kopf und eines um die Hüften, so geselle ich mich zu den anderen halbnackten Gestalten, die im Vorraum am Ofen Haare trocknen (einen Fön gibt es nicht), Tee schlürfen und Fingernägel lackieren. »Ja, mir auch einen Tee!« Ich verteile die mitgebrachten Mandarinen und Kekse. Und beantworte Fragen nach meinem Ergehen, den Lebensverhältnissen, Mann und Kindern, nicht ohne mich selbst mit höflichen Erkundigungen an die Runde zu wenden. Nur keine Eile. Im Vorraum verweilt man, bis die Haare trocken sind und der Körper sich wieder abgekühlt hat. Türken fürchten nichts so sehr, wie sich zu erkälten. *Sıhhatlar olsun!* – wörtlich: Gesundheiten sollen sein, also: wohl bekomm's! – rufen mir die Frauen nach, als ich mich zum Gehen wende.

So ein *hamam*-Besuch ohne erotische Abenteuer und ohne mythische Urerlebnisse hat gleichwohl seine Funktion, selbst wenn man zu Hause ein Badezimmer besitzt. Denn in der türkischen Durchschnittswohnung ist die Naßzelle ungeheizt, und warmes Wasser steht, wenn überhaupt, dann nicht in ausreichender Menge zur Verfügung. Der Koran schreibt aber das Bad vor, »wenn ihr von Frauen kommt«. Nach dem Geschlechtsverkehr reicht also die einfache Gebetswaschung nicht aus. Dagegen ist das tägliche Duschbad nicht üblich, wie die Frage meiner Schwägerin verriet: »Warum willst du dich denn schon wieder duschen; ist das nötig?« Mir war es richtig peinlich, als ich kapierte, sie meint: »Hast du schon wieder mit deinem Mann geschlafen?«

Auch vor dem Beilager sollte man sich gründlich waschen, jedenfalls aber vor der Hochzeit. Früher war es Brauch, daß die ganze Hochzeitsgesellschaft, natürlich streng getrennt in eine Frauengruppe mit der Braut und eine Männergruppe mit dem Bräutigam, den Vortag der Hochzeit im *hamam* verbrachte. Schon im Mittelalter hatte sich im Orient eine Badekultur entwickelt, während in Europa die leibfeindliche Kirche jedes Entblößen des Körpers und die Berührung mit Wasser (ausgenommen Weihwasser) als Teufelszeug verdammte. Die Kreuzritter waren vom orientalischen Badebetrieb wahrhaft begeistert, was jedoch leider nicht zum generellen Einbau von *hamam*-Anlagen in die zugigen Ritterburgen geführt hat.

Lockere Sitten im Bad – etwa die Bedienung der Männer durch schöne Mädchen und umgekehrt der Damen durch schöne Jünglinge – hat es in osmanischer Zeit durchaus gegeben, aber nicht im Volks-*hamam*, wo es zu allen Zeiten streng islamisch zugegangen ist. Was dem Touristen heute als »türkisches Bad« in den großen Hotels oder Ferienanlagen begegnet, hat mit einem echten *hamam* nur noch das heiße Wasser und den *göbek taşı* gemein. Daß Frauen und Männer hier gemeinsam baden können/sollen (meistens gibt es nur einen getrennten Tag in der Woche), war niemals türkische Sitte.

Der Schritt zum europäischen WC – man nennt es hier *alafranga* (französische Art) – ist dagegen schon seit längerem getan. In Restaurants, Hotels, auch in Wohnhäusern gibt es fast immer die alte und die neue Toilettenform nebeneinander. Ich für meinen Teil ziehe, zumindest auf Reisen, das türkische Stehklo vor. Wenn schon in jeder öffentlichen Toilette Ansteckungsgefahr droht, so muß man sich bei der türkischen Version wenigstens auf keine Brille setzen oder durch akrobatische Verrenkungen das Hinsetzen zu vermeiden suchen. Man kann sich einfach, die Füße fest auf den geriffelten Tritten, über dem Abflußloch hinhocken. Das Problem liegt keineswegs in der Konstruktion – mit ein bißchen Übung lernt man das Treffen –, sondern in der Wartung. Diese ist in den öffentlichen »französischen« Toiletten nicht weniger mangelhaft. Zwar kostet es überall etwas (beim Verlassen zu zahlen), doch steht dieser Gebühr keine Leistung gegenüber, es sei denn, man will das fließende Wasser (was ja nicht selbstverständlich ist) oder eine mit Wasser gefüllte rostige Blechbüchse als solche ansehen. Statt mit Toilettenpapier reinigt sich der Muslim mit Wasser. Papier oder Läppchen dienen lediglich dem Nachtrocknen. Leider sind die öffentlichen Toiletten meist schmutzig, stinken, und oft schwimmt der Fußboden. Die mit Marmorwaschbecken und gekachelten Wänden feudal ausgestatteten neuen »Häuschen« im Izmirer Messegelände sahen schon ein Jahr nach Inbetriebnahme genauso aus wie alle öffentlichen Toiletten. *Boş ver?*

Verständlich, daß unter solchen Umständen jeder solange wie möglich aushält, um nicht auswärts zu »müssen«. Ich beobachte, wie hier schon kleine Kinder Darm und Blase trainieren, damit sie in der Schule den Ort des Grauens meiden können. Aber auch in den Wohnungen ist die Toilette nicht gerade das gemütliche Örtchen, das wir Deutschen daraus gemacht haben. Mal abgesehen davon, daß die in Neubauten überall im Bad installierte Schüssel oft zweckentfremdet benutzt wird – als Sitz und zum Abstellen des Wäschekorbs –, das Stehklo neben der Eingangstür ist meistens ein winziger dunkler Raum, in dem man sich kaum drehen kann, noch verengt durch das Waschbecken. Aufgrund der Wascherei, die nach jedem Geschäft, vor jedem Gebet nötig ist, steht der Fußboden oft unter Wasser, so daß man nur mit speziellen *terlik*, die ebenfalls naß sind, und natürlich ohne Strümpfe, diesen Ort aufsuchen kann. »Sauber« ist es dort; schwemmt doch die Hausfrau gleich mehrmals am Tag mit schwungvollen Eimergüssen den Boden: Naß bedeutet soviel wie »frisch geputzt«.

Vom Zustand der Toiletten auf zweifelhafte Hygiene des türkischen Volkes zu schließen, ist absolut ungerechtfertigt. In diesem Land sind einfach die Akzente anders gesetzt. Ich weiß, daß Türken ihrerseits Schwierigkeiten mit der trockenen deutschen Toilette haben, weil diese keine Vorrichtung zum Waschen des Afters aufweist – und »wie soll man bloß mit Papier sauber werden?«

Überhaupt ist Sauberkeit ein relativer Begriff und sowohl von persönlichen Vorstellungen als auch von kultureller Prägung abhängig. Immer wenn ich in den letzten Jahren nach Deutschland kam, sind mir die blankgekehrten Straßen ins Auge gestochen: kein Müll liegt herum, und auch die Tonnen quellen nicht über. Aber unangenehm fiel mir der überall, vor allem in den städtischen Parks, herumliegende ekelhafte Hundekot auf, ein in der Türkei unbekanntes Phänomen. Vielleicht nicht mehr lange. Denn Spiel- und Schoßhündchen kommen in der Stadt langsam in Mode. Auf dem Lande gibt es, neben gräßlich abgemagerten Streunern, Hüte- und Wachhunde. Diese Tiere gelten als schmutzig und gehören nach orientalischer Auffassung mitnichten in eine Wohnung.

Türkische Wohnungen sind sauber, im Gegensatz zur Außenwelt pieksauber. Man kann buchstäblich vom Fußboden essen. Mit Straßenschuhen betritt der Türke wie gesagt niemals die Wohnung; solches Verhalten ist nicht nur schmutzig, sondern zudem eine grobe Unhöflichkeit. Für Gäste werden stets mehrere Paar Pantoffel bereitgehalten. Ich habe die türkischen Hausfrauen als wahre Wasch- und Putzteufel kennengelernt und bin beeindruckt von ihrem Kampf um hygienische und ästhetische Lebensverhältnisse. *Maşallah!* Einem Kampf kommt es gleich, bei der immer noch herrschenden Wasserknappheit sich des ständig hereinwehenden Staubs zu erwehren und die im warmen Wetter prächtig gedeihenden Schaben, Käfer, Motten, Ameisen, Tausendfüßler, Wespen daran zu hindern, daß sie sich in den Ritzen festsetzen. Noch wichtiger ist, dafür zu sorgen, daß bei Hitze die Nahrung nicht verdirbt. Im ersten Jahr unseres Aufenthaltes hier, als wir gegen die landestypischen Krankheitserreger noch nicht immun waren, machten wir Durchfälle, Gelbsuchten und andere Infektionen reihum durch.

Vorsichtige Naturen werden sich fragen, inwieweit

sich der Reisende durch Impfen schützen kann. Von türkischer Seite gibt es für Europäer keine Impfvorschriften. Dennoch könnten Sie vorsichtshalber eine Hepatitis-Schutzimpfung erwägen. Eine Malaria-Prophylaxe kann in bestimmten Regionen der Türkei, in der Adana-Ebene sowie im Südosten Anatoliens, sinnvoll sein, insbesondere in den Sommermonaten. Die meisten Türkeireisenden bleiben auch ohne Prophylaxe gesund. *Maşallah!* In jedem Fall vernünftiger ist es, diese Gebiete nicht zu besuchen – oder, wenn es sich nicht vermeiden läßt, sich die blaue Perle um den Hals zu hängen.

Übrigens gibt es relativ einfache Vorbeugungsmaßnahmen gegen den Durchfall, die häufigste Krankheit des Türkeireisenden: nicht zuviel und nicht zu fett essen. Obst zur Vorsicht abschälen. Außer Sesamkringeln nichts Eßbares beim fliegenden Händler auf der Straße kaufen. Wasser möglichst nur aus industriell abgefüllten Flaschen trinken. Wer in abgelegene Gebiete reist, sollte Wasserentkeimungstabletten dabeihaben.

In der Apotheke *(eczane)* bekommen Sie alle gängigen Medikamente, rezeptfrei, wesentlich billiger und oft unter ähnlichen Bezeichnungen wie in Deutschland. Dennoch ist es ratsam, Medikamente, die man regelmäßig einnimmt, in der Reiseapotheke mitzuführen.

Eine Arztpraxis finden Sie, indem Sie nach dem Schild mit der Bezeichnung *Doktor* Ausschau halten. Der *Cerrah* ist der Chirurg, der Zahnarzt heißt *Diş hekimi* oder *Diş doktoru*. In kleineren Orten ist die Auswahl geringer, aber in den Städten sind die meisten Ärzte Spezialisten. Und da Sie mit Ihrem Leiden wahrscheinlich nicht vom Frauenarzt zum Hautarzt... geschickt werden möchten, suchen Sie am besten gleich eine der jetzt überall aufkommenden Gemeinschaftspraxen (als *dispanser* oder *poliklinik* bezeichnet) auf, wo Ärzte verschiedener Fachrichtungen versammelt sind, von denen sicher einer in Deutschland praktiziert hat. Im Notfall ist auch die staatliche Gesundheitsstation (*sağlık ocağı*) oder das Krankenhaus (*hastane*), das immer über eine Notaufnahme im Sinne unserer Poliklinik verfügt, zuständig.

Aus eigener leidvoller Erfahrung weiß ich, daß die Ärzte in den Krankenhäusern total überlastet sind und daß selbst Schwerkranke – und wer ist nicht schwerkrank in der Türkei, wenn er zum Arzt geht – oft stundenlang auf dem Flur in der Schlange warten müssen. Deshalb sollten Sie sich nur im Ernstfall (bei notwendigen Operationen, Unfällen mit Krankenhausaufenthalt) an diese Einrichtungen wenden. Ansonsten empfiehlt sich, bei Barzahlung, der Privatarzt beziehungsweise die private Gemeinschaftspraxis. Die Kosten sind zu verkraften. Eine Untersuchung beispielsweise kostet umgerechnet zwischen 20 und 30 Mark; für eine (Einweg-) Spritze (Medikament natürlich extra) zahlen Sie zwei, fürs Zahnziehen 20 und für eine Röntgenaufnahme 30 Mark, Ihren Blinddarm können Sie für 650 Mark loswerden.

Diese Preise sind für türkische Verhältnisse alles andere als niedrig. Stellen Sie sich vor, was es bedeutet, wenn bei 300 Mark Monatseinkommen ein Familienmitglied krank wird. Eine Katastrophe! Zwar sind Beamte, Angestellte und Arbeiter pflichtversichert, doch haben sie keine freie Arztwahl, sondern müssen sich an vorgeschriebene Ambulatorien und Krankenhäuser halten, wo Personal und Geräte, wie gesagt, bei weitem nicht ausreichen. Ob es einmal soweit kommt, daß jedermann auf Krankenschein die Hilfe eines frei praktizierenden Arztes in Anspruch nehmen kann? Die Ärzte, mit denen ich sprach, sind gar nicht begeistert von dieser Aussicht. »Mehr Patienten, weniger Geld, vor allem kein Bargeld, dafür aufwendige Buchführung«, so läßt sich die Kritik zusammenfassen.

Ärzte genießen traditionell in der Türkei ein hohes Sozialprestige. Die Ausbildung zum Facharzt dauert übrigens noch länger als in Deutschland und ist einer Elite vorbehalten. Gleichwohl wirken Wartezimmer und Praxisräume eines solchen *uzman doktor* meist ärmlich und abgeschabt, für den westlichen Besucher wenig vertrauenerweckend. Dem kranken Türken jedoch signalisiert dieses understatement, daß der Arzt ein Idealist ist, der dem Patienten nicht mehr Geld abknöpft als unbedingt nötig.

Dolmetsch
Einladung zum Sprechenlernen

Und nun lassen Sie es mich Friedrich Kluge gleichtun und den Dolmetsch spielen, den »Mittelsmann« – eine Frau darf es sicher auch sein –, »der die Verständigung zweier Parteien ermöglicht, die verschiedene Sprachen reden«. »Dolmetsch« stammt von dem alttürkischen Wort *tilmaç*, das schon im 13. Jahrhundert im Mittelhochdeutschen als »tolmetsche« erscheint. Die Türken selbst verwenden ihr altes Wort nicht mehr, sondern sagen *çevirmen*. In *tilmaç* steckt *dil*, Zunge, Sprache. Sicher gibt es auch wortloses Verstehen. Aber beim Menschen laufen Einsichten und Kommunikation weitgehend über das Wort ab; zum Beweis könnte ich die Bibel und den Koran zitieren. So hoch will ich lieber nicht greifen, um Sie zum Sprechen dieser interessanten Sprache zu motivieren. Vielleicht haben Sie ja auch längst damit angefangen.

Wenn Sie der *Gebrauchsanweisung* bis hierher gefolgt sind, haben Sie schon eine Menge Türkisch gelernt, rund 150 Wörter und Ausdrücke und darüber hinaus etwas Grammatik, ohne daß Ihnen dies bewußt geworden sein muß. Der erste Einstieg ins Türkische fällt leichter als beispielsweise ins Russische oder Japanische, weil keine neue Schrift zu lernen ist. Dank Atatürks Schriftreform werden seit 1928 anstelle der arabischen

Buchstaben die des lateinischen Alphabets verwendet. Damit sollte Schreiben kein Privileg mehr sein wie im Osmanischen Reich, sondern für jedes Dorfkind leicht erlernbar.

Und tatsächlich beherrschen am Ende des ersten Schuljahres die meisten türkischen Kinder die Rechtschreibung. Das phonetische Prinzip – jedem Laut (Phonem) entspricht ein Zeichen (Graphem) – macht es möglich. Im Türkischen ist bei deutlicher Aussprache die Schreibung klar. Leicht haben es die Türken auch mit der Unterscheidung von groß und klein, da alle Wörter klein geschrieben werden, ausgenommen am Satzanfang und die Eigennamen.

Und nun beginnen Sie ruhig, wenn auch nicht alle Wörter, so doch die folgenden, genauso auszusprechen, wie sie dastehen; mit der Besonderheit, daß »s« immer stimmlos ist und »r« ein gerolltes Zungen-»r«: *Lokanta* (Speiselokal), *sofra* (gedeckter Tisch), *su* (Wasser), *bulgur* (Weizengrütze), *köfte* (Hackfleischbällchen), *döner* (wer kennt *döner* nicht?), *hesap lütfen* (bitte die Rechnung), *oldu* (stimmt so). Geschafft. Wenigstens verhungern werden Sie nicht. Auch andere überlebensnotwendige Dinge wie *otel, taksi, banka, telefon, posta, servis, garson, otogar, ambulans, doktor, poliklinik* werden, zum Trost für den Reisenden, dem sich der Sinn dieser nicht gerade urtürkischen Wörter ohne Lexikon erschließt, ebenfalls ausgesprochen wie geschrieben.

Leider geht es so einfach nicht weiter. Sie haben schon bemerkt, daß einige Zeichen verwendet werden, die im deutschen Alphabet nicht vorkommen, nämlich »ç«, »ş«, »ğ« und »ı« (das i ohne Punkt). Da die Liste nicht lang ist, brauchen Sie den Mut nicht zu verlieren. »Ç«

spricht man »tsch« aus, wie im Wort deu*tsch*. So können Sie schon *çorba* (tschorba), Suppe, sagen und *uçak* (utschak), Flugzeug.

Das Zeichen »ş« entspricht genau dem deutschen »sch«, also *şiş* (schisch) *kebap*, Fleisch am Spieß, *şişe* (schische), Flasche, *turşu* (turschu), Saures, *Çeşme* (Tscheschme), der bekannte Urlaubsort bei Izmir, die Wortbedeutung ist »Öffentliche Wasserstelle«, *işkembe çorbası* (ischkembe tschorbasü), Kuttelsuppe, *aşure çorbası* (aschure), die süße Suppe, die Noah kochte, Sie wissen schon, nach der Errettung aus der Sintflut. In den zuletzt genannten Ausdrücken kommt auch das »ı« (i ohne Punkt) vor, das, wie die Sprachführer sagen, ähnlich einem dumpfen »e« ausgesprochen wird. Ich höre eher ein abgeschwächtes »ü« heraus. Wörter wie: *mantı*, eine Art Ravioli; *rakı*, Anisschnaps; *kına*, Henna; *kadın*, *Frau*; *hanım*, Dame; *halı*, Teppich, enthalten diesen interessanten Laut, genauso wie *kapalı*, geschlossen, und *açık*, offen.

Wer meint, die Türken verstünden einen schon, wenn man statt »ı« einfach »i« sagt, darf auf Überraschungen gefaßt sein. *Sınır* heißt die Grenze, *sinir* ist der Nerv. Beides mag ja zuweilen miteinander zu tun haben, das macht sie aber nicht identisch. Schwerwiegender ist folgender Fall. Ein junger Deutscher hatte sich im Urlaub in eine Türkin verliebt und lernte ein bißchen ihre Sprache. In einem seiner ersten Briefe schrieb er: *Seni sik sik düşünüyorum*. Mühsam hatte er sich die Wörter aus Büchern zusammengesucht und sagen wollen: »Ich denke oft an dich« (wörtlich: dich viel viel denken). Nun schrieb er aber nicht *sık sık* – oft, sondern dasselbe mit »i«; *sik* ist das männliche Glied. Die junge Frau, die heute glücklich mit ihm verheiratet ist, war seinerzeit fast in Ohnmacht gefallen, denn sie hatten sich bis dato nicht mal geküßt. Woraus der Schluß erlaubt ist, daß sprachliche Ausrutscher manchmal nur durch einen Heiratsantrag wiedergutzumachen sind.

Bleibt noch das Zeichen »ğ«. Am Ende eines Wortes oder einer Silbe vor Konsonant wird es fast nicht gesprochen, sondern längt nur den vorhergehenden Vokal, etwa in *dağ* (daa), Berg, *sağ* (saa) rechts, gesund, lebendig. In *ağabey*, älterer Bruder, dieser so häufig verwendeten Anrede, wären eigentlich drei »a« zu sprechen, aber das Wort ist so abgeschliffen, auch der zweite Teil, der korrekt »bej« ausgesprochen werden müßte, daß es gelegentlich schon, nach der Aussprache, *abi* geschrieben wird.

In dem Ausdruck *sağa*, nach rechts – den brauchen Sie, wenn Sie einen Taxichauffeur dirigieren wollen (*sola* heißt nach links) –, ist das »ğ« noch zu hören, und zwar wie ein norddeutsches tief in der Kehle steckendes schwaches »r« (sara). Je heller die Vokale sind, zwischen denen das »ğ« steht, um so mehr neigt seine Aussprache einem schwachen »j« zu, etwa in dem Wort *düğün* (düjün) für Fest oder in *değil* (dejil), er/sie/es ist nicht. *Bir şey değil*, keine Ursache, erwidert man, wenn jemand sich bedankt. *Teşekkür ederim*, vielen Dank, daß Sie mir bis hierher gefolgt sind. *Bir şey değil*.

Damit hätten wir die Zeichen, die im deutschen Alphabet nicht vorkommen, alle erklärt. Leider gibt es nun einige Ihnen vertraute Buchstaben, die im Türkischen anders ausgesprochen werden. Es sind »s«, »r«, »h«, »c«, »v«, »z«, »y«, »j«. Kein Grund zum Verzweifeln, denn das Schlimmste hatten wir schon.

»S« wie gesagt ist immer stimmlos, scharf. Also *su* (ssu), Wasser, *Hasan* (Hassan), *Kuşadası* (Kuschadassü, Betonung auf der ersten Silbe). Da Touristen den bekannten Hafenort ausnahmslos verkehrt aussprechen, weiß ein Türke natürlich, was Sie meinen, auch wenn Sie zwei weiche »s« und am Ende ein »i« intonieren. Zum richtigen Bus werden Sie in jedem Fall gebracht.

Touristenaussprache ist Gegenstand von Satire, wird von frechen Kindern nachgeäfft, von beflissenen Taxifahrern dem Kunden angeboten, so wie man etwa in Deutschland dem Fremden mit Ausländerdeutsch »entgegenkommt«. Sobald Sie sich aber ein bißchen um die Sprache bemühen, ist der Türke wiederum sehr schnell mit Anerkennung zur Stelle. Es gehört nicht viel dazu, daß Sie gesagt bekommen: *Çok güzel konuşuyorsunuz!* (Sie sprechen sehr schön.) Ganz soweit sind wir noch nicht.

Das »r«, so wurde schon kurz angemerkt, ist immer ein gerolltes Zungen-»r«. Wenn Sie »r« tief im Halse sprechen, versteht der Türke eventuell »ğ«. Nehmen wir das Wort *araç*, Mittel, Werkzeug, Fahrzeug. Wird das »r« nicht richtig gerollt, versteht der Zuhörer *ağaç*, was aber Baum bedeutet. Wichtig ist das Rollen am Wortanfang und hier besonders bei Namen: *Rize, Rumeli Hisar*.

Die Aussprache des »h« ist vor einem Vokal wie im Deutschen, also *hamam, tarhana*. Am Ende einer Silbe im Deutschen ein Dehnungszeichen, ist es stumm, im Türkischen dagegen wird es stets ausgesprochen, und zwar nach dunklen Vokalen wie »ch« in »ach«, nach hellen Vokalen wie »ch« in »ich«. Am leichtesten fällt es, sich das »h« am Silbenende wie ein deutsches »ch« vorzustellen, die Regeln für dunkle und helle Aussprache sind nämlich dann gleich. *Tesbih* (tesbich), die Gebetsschnur, *Fatih* (Fatich), der Beiname Sultan *Mehmet* (Mechmet) des Eroberers, gleichzeitig ein Stadtteil von Istanbul. *Bahçe* (bachtsche), Garten, was Ihnen beispielsweise in der Verbindung *çay bahçesi*, Teegarten, nützlich sein kann.

Im Wort *lahmacun* (lachmadschun) – Sie wissen, das war eine Art Pizza – begegnet Ihnen der nächste Buchstabe, »c«. Gesprochen wird »c« immer wie »dsch«, stimmhaft wie in dem Wort Dschungel. Also *cami* (dschami) Moschee, *gece* (gedsche) Nacht. Nun haben Sie auch beim Bestellen von *patlıcan* (patlüdschan), Auberginen, keine Schwierigkeiten mehr. Oder wie wär's mit *cacık* (dschadschük)? Sie werden doch nicht auf die herrlich erfrischende Joghurtkaltschale verzichten wollen, bloß weil Sie das Wort *cacık* nicht aussprechen können. Dafür fällt es Ihnen leicht, Coca Cola zu verlangen, das nicht etwa türkisch gelesen wird.

Der Buchstabe »v« ist immer gleich dem deutschen »w«, also *kahve* (kachwe), *şalvar* (schalwar), die Pluderhose, *baklava* (baklawa), das süße Blätterteiggebäck, *evet* (ewet), ja, *tavuk* (tawuk), Huhn, *tavla* (tawla, auch taula ausgesprochen – die Verbindung »av« vor Konsonanten und am Wortende klingt ähnlich wie »au«) und *pilav* (pilau), das Reisgericht. Der Van-See im Osten der Türkei wird übrigens genauso artikuliert wie der Berliner Wannsee. »Ich auch kennen Wannsee.« Na, welchen denn nun?

Keine Schwierigkeiten werden Sie mit dem »z« haben, wenn Sie an ein weiches stimmhaftes »s« wie in See und Sonne denken. In dem Wort *saz*, Art Zupfinstrument, kommen beide »s«-Laute vor, erst der stimmlose, dann der stimmhafte. Folgende Wörter mit »z« kennen Sie schon. *Ramazan* (ramasan), der Fastenmonat, *pazar* (pasar), Sonntag, Wochenmarkt, *zurna* (surna), Oboe, *meze* (mese), die Vorspeise. In dem Wort für den Gebetsrufer *muezzin* (mu-es-sin) begegnet Ihnen eine andere Eigentümlichkeit des Türkischen: Jeder geschriebene Buchstabe wird ausgesprochen, also »u-e«, nicht etwa »ü«, und dann folgen zwei getrennt gesprochene, stimmhafte »s«. Schwer? Welche Aussprache von *muezzin* käme Ihnen denn leichter vor?

Andere Beispiele von Doppelkonsonanten, die beide ausgesprochen werden, sind *bakkal* (bak-kal), Krämer, *dikkat*, Vorsicht, *dakka*, Minute. Das zuletzt genannte Wort heißt korrekt *dakika*, aber im schnellen Sprechen ist das »i« weggefallen, und dem folgt inzwischen die Schreibweise. *Bir dakka!* wörtlich: eine Minute, wird im Sinne von »Einen Moment mal!« verwendet, etwa wenn man sich im Bus zum Ausgang durchdrängeln muß.

Das Verschlucken eines Lautes beobachte ich auch in dem Wort *eczane*, das gemäß Diktion »edsch-sane« gesprochen werden müßte, aber umgangssprachlich durchweg als »esane« erscheint. Weshalb man noch umständlich *Allaha ısmarladık* (wörtlich: wir haben dich Allah empfohlen), auf Wiedersehen, schreibt, obwohl doch jedermann »alasmaladük« sagt, weiß ich nicht. Schweife ich ab? Nun, die Sprache ist ein lebendiger Organismus, da gibt es immer wieder Neues, Erstaunliches zu entdecken.

Wir kommen zum Buchstaben »y«, der genau dem deutschen »j« entspricht. Sie sind in der Türkei *yabancı* (jabandschü), fremd, und suchen einen *yol* (jol), Weg. Wenn man Sie fragt: Sie kommen aus *Almanya* (Almanja, Betonung auf der zweiten Silbe), Deutschland, und sind *Alman*, Deutsche(r), zum Beispiel *almanım* – ich bin Deutsche(r) – für männliche und weibliche Sprecher gleich: Ihre Sprache ist *Almanca* (almandscha), Deutsch. *Alman Kültür Merkezi* (Deutsches Kulturzentrum) heißen übrigens die Goethe-Institute in diesem Land. Eine Vorsichtsmaßnahme, weil der Türke beim Klang des Namens unseres großen Klassikers sofort *göt* (Arsch) assoziieren würde.

Mit dem »y« sind wir noch nicht am Ende. Am Silbenschluß in Verbindung mit einem vorausgehenden Vokal wird das »y« halbvokalisch gesprochen, eigentlich ziemlich genau wie im schönen deutschen Namen »Mayer« oder in »Bayern«. Also *ayran* (aij-ran), das Joghurtgetränk, *çay* (tschaij), *şey* (scheij), Sache, *bey* (beij), Herr. Dagegen sprechen Sie *hayır*, nein, wie »ha-jür« aus, denn hier verläuft die Silbengrenze vor dem »y«. Wenn Sie nun glücklich wissen, wie man das wichtige Wort »nein« ausspricht, muß ich Sie gleich warnen: Es wird nur für ein starkes, eventuell unhöfliches Abwehren verwendet. Wenn Sie zum Beispiel entführt werden sollen, dann können Sie laut *hayır* schreien. Im türkischen Kitschfilm beweist die Frau, die vergewaltigt wird, mit *hayır, hayır*, daß sie ihre Ehre nicht freiwillig preisgibt. Auch die Gebärde des Kopfschüttelns und das leichte Anheben des Kinns bedeuten Verneinung. Wollen Sie ein Angebot höflich ablehnen, sagen sie *teşekkür ederim*, vergleichbar dem deutschen vielen Dank, bei mürrischem Ablehnen *istemez*, man will nicht, oder *olmaz*, unmöglich, es geht nicht.

Wie schön, Sie können sprechen! Zum Schluß und damit Sie nicht übermütig werden, ein kleines Verwirrspiel. Unser Buchstabe »j« erscheint im türkischen Alphabet ebenfalls, aber natürlich nicht in der uns vertrauten Aussprache, denn gerade haben wir gesehen, daß die Türken dafür den Buchstaben »y« haben. O Mutter, warum kann das nun nicht international einheitlich sein! Also, das türkische »j« steht für einen gleitenden Zischlaut, wie im französischen *journal* oder *garage* und im deutschen (!) Wort Garage. Die Türken schreiben dieses Wort *garaj* und sprechen es genauso aus wie die Franzosen. Der Laut/Buchstabe kommt in rein türkischen Wörtern überhaupt nicht vor, sondern nur in Übernahmen aus dem Persischen, Französischen und neuerdings Englischen. Ich nenne hier einige Wörter, die Ihnen nützlich sein können: *bagaj*, Gepäck, *plaj*, Strand, *jandarma*, Gendarmerie, Gendarm, *jeton*, Telefonmünze, *jet*, Düsenflug, *arkeoloji*, Archäologie.

Damit hätten wir die wesentlichen Probleme der Aussprache einzelner Laute geklärt; was bleibt, sind Feinheiten. Eine schwierige Frage ist die Betonung einzelner Wörter und die Satzmelodie, sie läßt sich in der gebotenen Kürze nicht beantworten.

Sicherlich muß man bei einem Aufenthalt in der Türkei nicht Türkisch können, vor allem, wenn man im Bereich des Touristentreibens bleibt, wo die Einheimischen einem mit europäischen Sprachen entgegenkommen. Aber Sie wollen ja Land und Leute kennenlernen; deswegen haben Sie doch die *Gebrauchsanweisung* gekauft. Und die Beschäftigung mit der Sprache eines Volkes ist nun mal der Königsweg zum Verstehen.

Sie können jetzt zwar Begriffe im Wörterbuch nachschlagen. Dazu sollten Sie aber noch etwas über die Struktur der Turksprachen wissen, die eine eigene, mit der indogermanischen Sprachfamilie nicht verwandte Sprachgruppe bilden. Ein typisches Merkmal dieser Gruppe, zu der auch die heute in Mittelasien gesprochenen Turksprachen gehören, ist die sogenannte Agglutination. Das heißt, Suffixe werden an ein Kernwort (Nomen, Verbalstamm) angehängt, und auf diese Weise werden neue Wörter, grammatische Formen und Satzverknüpfungen gebildet. Dieselbe Möglichkeit hat das Deutsche zwar auch, aber längst nicht so ausgeprägt und vor allem nicht in der Syntax.

An der Analyse von Beispielen, die Sie schon kennen, wird das Gemeinte sofort klar. *Pide* war das Fladenbrot; der Fladenbrotbäcker heißt *pideci*. Das neue Wort ist also durch Anhängen der Silbe *-ci* entstanden. Ebenso geht es bei *çorba*, Suppe; *çorbacı* ist nun nicht der Suppenkasper, sondern der Suppenkoch. Das Suffix hat hier die Form *-cı* entsprechend der Regel, daß sich die Vokale der Suffixe klanglich an die Vokale des Kernwortes anpassen (während das Kernwort selbst nicht verändert wird) – das nennt man Vokalharmonie, und das ist der zweite wichtige Begriff neben Agglutination. Was ein *baklavacı* ist, können Sie leicht erschließen, nämlich der Bäcker der süßen Blätterteigtaschen. Und nun ein Beispiel mit etwas höherem Schwierigkeitsgrad, das Ihnen von praktischem Nutzen sein kann; *göz* ist das Auge, *gözlük* die Brille und *gözlükçü* – mit zwei Suffixen – der Brillenmacher, mithin der Optiker. Hier wird sogar der Konsonant der Endung verändert: anstelle von »c« tritt »ç« auf, in Angleichung an das stimmlose »k«, das vorangeht. Es ist ganz leicht, wenn man's erst mal kapiert hat.

Da es völlig unmöglich wäre, einen nur annähernden Überblick über die Fülle der Wortbildungssuffixe zu geben (es sind weit über 100), erkläre ich hier nur einige Beispiele, die in früheren Kapiteln schon vorgekommen sind. *Dolu* heißt voll; wird an den Kern *dol* das Suffix *-ma* gehängt, dann haben Sie *dolma*, das gefüllte Gemüse. Hängen Sie dagegen, wieder an den Kern, *-muş*, eigentlich eine Verbalendung an, dann entsteht *dolmuş*, das Sammeltaxi. Oder, um im Verkehrsbereich zu bleiben: *dur!* heißt halt, *durak* ist, wie Sie wissen, die Haltestelle.

Auch die Genitivverbindung, die im Türkischen wichtigste Beziehungsgruppe, wird durch Suffixe hergestellt. *Kadının Adı Yok* lautet der Titel des öfter zitierten Buches von Duygu Asena. Wir analysieren: An das Wort *kadın* Frau, tritt die Genitivendung *-ın*, das folgende Wort *ad*, Name, ist durch das Possesivsuffix *-ı* mit dem vorhergehenden Begriff verbunden. So hieße die Konstruktion wörtlich in schauderhaftem Deutsch: Frau-der Name-ihr ist-nicht. Ganz deutlich sehen Sie, worin die Eigenart des Türkischen besteht: das Genitivsuffix und das Possesivsuffix schaffen eine Verbindung, die im Deutschen extra umschrieben werden muß.

Da wir gerade bei den Possesivsuffixen sind: *Adın ne?* (Name dein wie?) ist eine sehr häufige Frage, die Sie mit *adım Eva* oder *Otto* (Name mein ist...) beantworten können. Der Vorname ist gefragt, für Ihren Nachnamen (*soyadınız*) interessiert sich höchstens die Polizei.

Gewisse Schwierigkeiten, die der Lernende aus anderen Sprachen kennt, belasten das Türkische überhaupt nicht. Es gibt keinen bestimmten Artikel, kein grammatisches Geschlecht, keine unregelmäßigen Verbformen, keine unregelmäßigen Pluralformen, keine unregelmäßige Deklination, hurra! Und nun können Sie sich unschwer vorstellen, was ein Türke beim Deutschlernen durchmacht.

Leider kennt das Türkische auch kein Relativpronomen und keine dem deutschen »daß« entsprechende Konjunktion, ja außer dem Konditionalsatz überhaupt keine Nebensätze. Dafür wird aber der Hauptsatz mit Hilfe von Partizipialformen und substantivierten Infinitiven, die sich wieder – wie wohl? – durch Suffixe natürlich (!) auszeichnen, dermaßen verschachtelt, daß die Analyse zum Denksport wird.

Genauso interessant wie die Struktur ist der Wortschatz des Türkischen und seine Geschichte. Auffallend ist vor allem ein starker Wandel des Wortschatzes in den letzten fünfzig Jahren. Den Text der erst Anfang des Jahrhunderts vom Dichter Mehmet Akif Ersoy verfaßten Nationalhymne können jüngere Leute ohne Lexikon kaum verstehen. Deshalb steht am Beginn eines jeden Schuljahrs die Erklärung des zehn Strophen langen Gedichtes: *Korkma! Sönmez bu şafaklarda yüzen al sancak...* (Fürchte dich nicht! Nicht erlöschen wird die in diesen Morgenröten schwimmende blutrote Fahne...)

Atatürk hat im Jahre 1932 die »Türkische Sprachgesellschaft« (*Türk dil kurumu*) gegründet und ihr die Aufgabe erteilt, die türkische Sprache von den zahlreichen im Laufe der osmanischen Herrschaft eingedrungenen arabischen und persischen Wörtern zu reinigen und möglichst türkische Entsprechungen zu finden. Die Gesellschaft erledigte diese Arbeit derart erfolgreich, daß auch die Reden des Staatsgründers heute ohne Lexikon nicht mehr verständlich sind – was das Anliegen des Vaters der Nation durchaus nicht konterkariert.

Wir mir ein alter Professor, der Atatürk noch gekannt hat, erzählte, habe sich dieser am Ende seines Lebens einen Winter lang im Dolmabahçe Sarayı eingeschlossen, um eine »Einführung in die Geometrie« zu verfassen; dabei hat er die Fachbegriffe, die bis dahin arabisch / persisch waren, aus der türkischen Sprache heraus neu gebildet. Der Wortsinn sollte sich dem einfachen Türken bildhaft erschließen, wie etwa *üçgen*, was wörtlich Drei-eck heißt.

Heute finden sich in einzelnen Fachbereichen, zum Beispiel in der Sprache des Rechts, in der Amtssprache allgemein und selbstverständlich in der Theologie überwiegend alte Bezeichnungen, die Uneingeweihten Verständnisschwierigkeiten bereiten. Die neuen Wörter haben sich über die Literatur, die Schule, durch Rundfunk und Zeitungen und in jüngster Zeit auch durchs Fernsehen überraschend schnell durchgesetzt. Damit die junge Generation nicht ganz den Bezug zur Tradition verliert, propagiert das Unterrichtsministerium allerdings wieder die Beschäftigung mit älteren Texten, die in kommentierten Ausgaben neu herausgegeben werden. Die Beherrschung der verschiedenen Sprachebenen, die Breite des Wortschatzes, ist nicht nur ein Generationen-, sondern auch ein bildungsspezifisches Merkmal. Dagegen gibt es keine strenge Abgrenzung von Hochsprache und Volkssprache. Die Schriftsprache basiert auf dem Dialekt von Istanbul; freilich sind die Dialektunterschiede im Türkischen weniger ausgeprägt als etwa in Deutschland. Die in der Türkei lebenden ethnischen Minderheiten sprechen neben dem Türkischen, der offiziellen, im Schulunterricht verbindlichen Staatssprache, kurdisch, lasisch, armenisch, griechisch...

Das moderne Türkisch als eine »gereinigte« Sprache zu bezeichnen, wäre aber geradezu grotesk. Sie brauchen nur eine beliebige Zeitungsseite aufzuschlagen, um zu erkennen, wie »weltoffen« die Türkei ist. Da ist von *kanser* die Rede und von *tümör*, von *erotik* und von einer Istanbuler *butik* namens »Airport«, daneben nennt sich der Komiker Kemal Sunal selbst einen *süperstar*. Auf den Wirtschaftsseiten wimmelt es geradezu von leicht verständlichen, dem fremdsprachenunkundigen Türken wahrscheinlich weniger, einem Leser des Wirtschaftsteils indes vertrauten Vokabeln: *sosyal, depresyon, plus, ekonomik, döviz, borsa, pasif, liberal, stagflasyon…* geben einen Eindruck.

Ob das ganz im Sinne Atatürks ist? Zwar sind ernsthafte Wissenschaftler bemüht, für neu auftauchende Phänomene türkische Begriffe zu finden, anstatt einfach die international gängigen zu übernehmen. Doch, so will mir scheinen, wird ihre langsame Denkarbeit von der raschen Tagesentwicklung überrollt. Puristische Vorstellungen verfolgte weder Atatürk, noch macht die Türkische Sprachgesellschaft sie sich zu eigen: Zu sehr ist man sich in der Türkei der eigenen Brückenstellung zwischen Asien, Europa und Afrika bewußt, die sich auch in der Sprache widerspiegelt.

Der Verkehr über diese Brücke – um im Bild zu bleiben – ist nie einseitig in eine Richtung geflossen. Ausgelöst durch Kreuzzüge und Türkenkriege und in den Zwischenphasen dank friedlichen Beziehungen aller Art, hat Europa auch türkische (oder durch türkische Vermittlung arabische und persische) Kulturgüter und Sprachelemente übernommen. Daß der deutsche Joghurt vom türkischen *yoğurt* und Kelim von *kilim* kommt, ist vielleicht allgemein bekannt. Aber hätten Sie gedacht, daß der Dudelsack oder zumindest seine Bezeichnung nicht ursprünglich schottisch ist, sondern sich von der türkischen Pfeife, Flöte, Schalmei, *düdük*, herleitet; wahrscheinlich wohl auf dem Weg über Bulgaren und Serben, die ihre Instrumente nach türkischem Vorbild *duduk* genannt hatten?

Auch Horde, denken Sie an die »Goldene Horde«, stammt vom türkischen Vorbild *ordu*, Herr, Heerlager. Interessanterweise hat das Wort, das seit dem 15. Jahrhundert im Deutschen verwendet wird, heute eine abfällige Bedeutung; die »wilde Horde« ist eine ungezügelte Bande. Die gleiche Tendenz beobachte ich bei Pascha, der mißbilligenden Bezeichnung für einen reichen, faulen Kerl, der seine Mitwelt herumkommandiert; für deutsche Feministinnen das Feindbild schlechthin! In der Türkei dagegen hat *paşa* keinen negativen Klang. In seiner ursprünglichen Bedeutung, »General«, war das Wort noch in den Befreiungskriegen als Rangbezeichnung üblich und wird in unseren Tagen als ehrende Anrede, etwa im Sinne von »Exzellenz« verwendet. Den ehemaligen türkischen Staatspräsidenten Evren nennt man *paşa*, aber auch der deutsche Bundespräsident wird in der Zeitung so betitelt.

Genauso ist der »Kiosk« in Deutschland immer mehr »heruntergekommen«. Goethe, der das Wort als erster gebrauchte, meinte damit ein Gartenhäuschen. Wir verstehen darunter nur noch den Zeitungskiosk an der Ecke. Das zugrundeliegende türkische Wort *köşk* (ursprünglich aus dem Persischen) bezeichnet eine Villa im Garten, ein Schloß im Grünen. Im Yıldız-Park und im Emirgan-Park bei Istanbul sollten Sie einmal die Sommer- und Lustschlößchen der Sultane besuchen. Diese *köşk*, heute renoviert und zum Teil mit Restaurantbetrieb, sind wahrhaftig keine Buden.

»Jemanden vor den Kadi zitieren« – diese Redewendung kennen wir aus den orientalischen Märchen. In der Türkei heißen die Richter allerdings nicht mehr *kadı* (von arabisch *qadi*), weil Atatürk mit seiner Reform des gesamten Rechtssystems auch die alten Bezeichnungen abgeschafft hat. Lediglich der häufig vorkommende Ortsname *Kadıköy* (Richterdorf) erinnert daran. Ähnlich ist es mit dem »kiffen«, das vom türkischen (arabischen) *keyif*, Wohlbefinden, stammt. Der Türke braucht für seinen *keyif* eigentlich keinen Haschisch, ihm genügt ein Gläschen Tee und Ungestörtheit – die ist am wichtigsten –, allenfalls eine normale Zigarette und die Zeitung. Moltke hat schon festgestellt: »Eine der wichtigsten Angelegenheiten der ehrlichen Türken ist, was sie *Kef etmek*, wörtlich Laune machen nennen, das heißt an einem gemütlichen Ort Kaffee trinken und Tabak rauchen.«

An einen »gemütlichen Ort« ist *keyif* nach meiner Beobachtung nicht unbedingt gebunden, sonst würden türkische Männer nicht stundenlang in den scheußlich ungemütlichen Teehäusern hocken, wo die Wände mit brauner Ölfarbe angestrichen sind, wo einem im Winter vom Steinfußboden die Kälte in die Knochen kriecht, wo die Stühle denkbar hart und die Tische mit klebrigen Wachstüchern bedeckt sind. Wo der Fernseher dröhnt, das Neonlicht in den Augen schmerzt und die verrauchte Luft das Atmen erschwert. Wie hier Familienväter ihr *keyif* suchen und finden, ist ein Rätsel, das eine Frau wohl nicht lösen wird.

Da wir schon beim Genießen sind: auch Kaffee, als Wort und als Sache, stammt aus dem arabisch-türkischen Kulturkreis. Im Jahr 1459 kam der Kaffee aus Afrika nach Arabien. Über das anfängliche Kauen der Bohnen verfiel man im 15. Jahrhundert auf den Trank, »um die Derwische wachzuhalten, damit sie ihre Gebetsstunden nicht verschliefen«. Um 1550 entstanden in Istanbul die ersten Kaffeehäuser, und von dort verbreitete sich der »Türkentrank« nach Europa. Wie wir gesehen haben, ist heute des Türken bevorzugtes, den Tag begleitendes Getränk der Tee und immer nur Tee, während die Tasse Kaffee sich eher zur deutschen Alltagsdroge entwickelt hat, so daß unser Reim vom »Muselman, der das nicht lassen kann«, die Realität verfehlt.

Ein deutlicher Beleg dafür, daß die Türkei im Gewürzhandel, weniger als Erzeuger denn als Zwischenhändler, eine wichtige Rolle spielte, ist die Bezeichnung »Kümmeltürke«, auch wenn sie ursprünglich gar nicht auf die Türken gemünzt, sondern im Umkreis der Universität Halle (im Saalekreis wurde viel Kümmel angebaut) ein beliebtes Schimpfwort unter Kommilitonen war; Kümmeltürke bedeutete da soviel wie »Großsprecher, Prahlhans«. Das Wort Kümmel selbst leitet sich vom arabischen *kammun* ab, das in alle europäischen Sprachen Eingang gefunden hat (zum Beispiel engl./frz. *cumin*). Seit Luther sagt der Deutsche Kümmel.

Einige türkische Wörter, die um die Jahrhundertwende im deutschen Sprachraum noch durchaus gebräuchlich waren, sind heute untergegangen, wie Ottomane, Diwan, Dragoman, Odaliske. Andere werden gerade neu übernommen, wie etwa Döner, der sich in deutschen Fußgängerzonen überall am Spieß dreht in

Konkurrenz zum griechischen Giros. Vielleicht bringen Sie selbst ein Wort aus dem Urlaub mit, das Sie nun unter Freunden verwenden, etwa: »Sag mal, steht mir der Schalwar wirklich, oder macht er mich zu dick?« oder »Liebling, wo hast du meine Terlik versteckt?« Und »Wollen wir heute mal das Dscheswe ausprobieren?« Vielleicht haben Sie sich auch angewöhnt, zu jedem »Dschanüm« (*canım*, meine Seele) zu sagen, weil es sich so nett anhört.

Ob der deutsche Bundeskanzler Helmut Kohl seinen geliebten Spruch »Die Karawane zieht weiter« von einem Türkeibesuch mitgebracht hat? Das Sprichwort heißt in Anatolien: *It ürür, kervan yürür* (Der Hund bellt, die Karawane zieht vorüber). Weshalb der Kanzler den bellenden Hund unterschlägt, ist sein Geheimnis. Aus politischer Klugheit?

Höflichkeit, Sitte, Ehre

Merhaba. (Guten Tag, Grüß Gott)
– *Nasılsınız? Iyi misiniz?* (Wie geht es Ihnen? Gut geht es Ihnen?)
– *Iyiyim. Siz nasılsınız?* (Mir geht es gut. Wie geht es Ihnen?)

Die wechselseitige Frage nach dem Ergehen leitet jedes Gespräch ein. Diese Sitte ist keineswegs auf Bekannte beschränkt, auch der Schuster murmelt: *nasılsınız?*, ehe er meine abgerissene Schuhsohle inspiziert, oder die Friseuse, ehe sie zum Waschen bittet. Als grotesk habe ich empfunden, daß die Frauen in Thrakien eine Witwe, deren Mann am selben Tag gestorben war, nach ihrem Befinden fragten und diese mit *iyiyim* antwortete.

Nach meiner Erfahrung ist man immer *iyi*, auch angesichts von Schicksalsschlägen und Krankheiten, es sei denn, vor Schmerzen versagte die Stimme. Frage und Antwort sind zu Formeln erstarrt. Niemand erwartet, daß der Gesprächspartner offen sein Gefühl oder seine Befindlichkeit äußert. Wenn der Arzt, den Sie in seiner Praxis aufsuchen, *nasılsınız?* fragt, ist das die Einleitung des Dialogs und noch nicht die Frage nach Ihren Beschwerden. Unhöflich wäre es, mit der Tür ins Haus zu fallen, ohne Vorrede zur Sache zu kommen.

Wenn Sie (als Frau freilich nur) je Gelegenheit haben sollten, einen *kabul günü* (Empfangstag) zu erleben, die nachmittägliche Zusammenkunft der Nachbarinnen, so werden Sie beobachten können, wie sich das Ritual der gegenseitigen Nachfrage unermüdlich wiederholt. Denn jede fragt einzeln in der Runde herum.

Und dann die Küsserei: Zur Begrüßung und zum Abschied küssen sich die etwa Gleichaltrigen rechts und links auf die Wange, während den älteren Frauen in einer recht komplizierten Weise die Hand geküßt wird. Die Jüngere berührt mit den Lippen den Handrücken der anderen und führt deren Hand anschließend zur eigenen Stirn. Wenn es der Alten beliebt, küßt sie ihrerseits die Jüngere oder das Kind auf beide Wangen. Auch Männer untereinander küssen sich in derselben Weise.

Die Begrüßung zwischen Männern und Frauen verläuft sehr unterschiedlich, je nach dem Umfeld. In streng islamischen Kreisen dürfen sich Männer und Frauen nicht berühren, wenn sie nicht blutsverwandt oder verheiratet sind. Mein Schwiegervater und die Brüder meines Mannes reichen mir zur Begrüßung nicht mal die Hand. Weniger streng geht es unter »modernen« Türken zu, vor allem in der Stadt, und da wieder in akademischen Kreisen und bei der Jugend. Wangenküsse zwischen Studentinnen und Studenten sind allgemein üblich.

Daß in Fernsehfilmen bis Ende der achtziger Jahre sogar Küsse unter Ehepartnern vom Zensor herausgeschnitten wurden, erscheint der heutigen Jugend lächerlich. Dennoch ist der erotische Kuß vor Zuschauern in der Öffentlichkeit immer noch tabu. Händeschütteln, die typisch deutsche Begrüßungsform, kommt überall da vor, wo man sich europäischen Sitten angleicht, also in der Geschäftswelt und gegenüber Ausländern. Sie machen als TouristIn bestimmt keinen Fehler, wenn Sie dem gleichgeschlechtlichen Gesprächspartner die Hand hinstrecken, dem andersgeschlechtlichen gegenüber sich zurückhaltend geben.

Ein Bekannter, der zum erstenmal die Türkei bereiste, beklagte sich bei mir, daß die türkischen Bankangestellten, die Frauen in den Touristikbüros und sogar das Mädchen in der Hotelrezeption so »muffig« seien, »gar nicht nett, kein Lächeln, kein freundliches Wort«. Da verlangt der männliche Gast zuviel; die Türkei ist kein »Land des Lächelns«. Mit Lachen und Freundlichkeit hätte sich die Frau dem Mann sozusagen für ein Abenteuer angeboten. Daß Stewardessen, Mannequins und Sängerinnen ihr Lächeln wie ein Make-up tragen, widerspricht nicht der strikten Zurückhaltung der türkischen Frau in diesem Punkt.

Die Beziehungen zwischen den Menschen sind hier sehr formalisiert. Herzlichkeit, Hilfsbereitschaft und mitmenschliche Nähe, die dem Europäer immer wieder auffallen, sind getragen und eingebettet in ein Geflecht von Formen der Höflichkeit und begrenzt von Sitte und Anstand. Dabei ist es noch relativ einfach, die Distanz zwischen den Geschlechtern formgerecht einzuhalten. Schwerer fällt es, das Gebot der Über- und Unterordnung, das sich durch Altersabstufung und soziale Schichtung ergibt, zu durchschauen. Türken sind Meister im Einschätzen des Gesprächspartners. Davon, ob er ihnen selbst über- oder untergeordnet ist, hängt die richtige Anrede ab.

Allein mit dem Namen werden höchstens Kinder,

Freunde und Untergebene angesprochen. Schon die Kleinen lernen, zu den älteren Geschwistern wie auch anderen Kindern ihrer Umgebung *abla* (ältere Schwester) und *ağabey* (älterer Bruder) zu sagen. Im Erwachsenenalter ist diese Anrede für alle etwas Älteren zugleich Ehrenbezeichnung und bietet die Möglichkeit, jemandem ein bißchen zu schmeicheln.

Kardeş (Bruder, Schwester) sagt man zu Gleichaltrigen und Jüngeren oder wenn man ganz allgemein betonen will, »daß wir doch alle Geschwister von Adam her sind«. In diesem Sinn fordert der Busfahrer den Fahrgast, *kardeş*, auf, noch etwas zusammenzurücken. Wesentlich ältere Leute – immer vom Alter des Sprechenden aus betrachtet – werden *teyze* (Tante) und *amca* (Onkel) genannt. *Nine* (Großmutter) und *dede* (Großvater) tituliert man allenfalls Greise oder jene Verwandten, die im strengen Sinne Großeltern sind. Als *yenge* (Schwägerin) kann jede etwas ältere Frau angesprochen werden.

Diese volkstümlichen Bezeichnungen werden, wie gesagt, gleichermaßen unter gänzlich Fremden, etwa im Supermarkt oder im *dolmuş*, verwendet. Sobald man jemanden mit Namen (= Vornamen) kennt, wird dieser der Verwandtschaftsbezeichnung vorangestellt. Daneben gibt es die formellere Bezeichnung *bey* (Herr) und *hanım* (Dame) ebenfalls in Kombination mit dem Vornamen. Wenn ich die Lehrerin meines Sohnes anrede, ist sie Gülizar *Hanım*, und ich bin Barbara *Hanım* – auch auf dem Postamt oder auf der Bank. Aber für den *bakkal* und für die Zugehfrau bin ich Barbara *Abla*, weil wir uns oft sehen und freundschaftlich miteinander umgehen. Der Taxifahrer, der mich zum erstenmal sieht, sagt sogar *ha-*

nımefendi (meine Dame, gnädige Frau – was keineswegs den Touch von abgelebter Eleganz wie in Deutschland hat), die männliche Entsprechung wäre *beyefendi* (gnädiger Herr), während ich den Taxifahrer am besten mit *ağabey* anrede oder, wenn es ein ganz junger Kerl ist und ich mein gesetztes Alter recht herausstreichen will, mit *oğlum* (mein Sohn).

Genauso kompliziert und nach den gleichen Kriterien entscheidet sich, wann man jemanden duzt oder siezt, also *sen* oder *siz* (zweite Person Plural; im Deutschen ist es die dritte) sagt. Die Form *sen* (du) drückt entweder Vertrautheit und emotionale Nähe aus oder aber Unterlegenheit und Abhängigkeit in der sozialen Hierarchie. Auf dem Lande ist die *sen*-Form derart verbreitet, daß *siz* als Anrede für eine einzelne Person meist überhaupt nicht verstanden wird. Auch in der städtischen Bevölkerung ist die *sen*-Form weiter verbreitet als etwa das »Du« in Deutschland. Die Übergänge vom *siz* zum *sen* sind fließend und nicht an ein formelles Anbieten des Du gebunden.

Daß Gleichaltrige und Gleichgestellte, Kollegen und Freunde sich duzen, ist wohl weniger befremdlich als das gegenüber älteren Familienangehörigen, besonders in den gebildeten Schichten der Großstadt noch gepflegte respektvolle *siz*. Schüler und Studenten siezen selbstverständlich ihre Lehrer und Professoren, während diese auf allen Stufen, also bis hin zur Universität, *sen* sagen. Ein Arbeitgeber redet seinen Untergebenen mit *sen* an, während er, je nach gebotener Distanz, das *sen* gestattet oder das *siz* verlangt. Auf Ämtern wird das formale *siz* eingehalten.

So könnte unser Einleitungsdialog, die gegenseitige

Frage nach dem Ergehen, in sage und schreibe vier Varianten ablaufen, je nachdem, ob sich die Gesprächspartner gegenseitig oder einseitig duzen oder siezen. Etwa:

– *Nasılsın, iyi misin?* (Wie geht es dir? Gut geht es dir?)

– *Iyiyim* (das bleibt immer gleich). *Sen nasılsın?* (Du, wie geht es dir?) Jetzt dürfen Sie selbst überlegen, wie die Sätze aussehen, wenn eine Enkelin der feinen Gesellschaft, ihrer Großmutter die Hand küssend, diese nach dem Befinden fragt.

Falsche Anredeformen beleidigen nicht die Angesprochenen, sondern fallen auf den Sprecher zurück, der sich *ayıp* (ungehörig, unanständig) verhält. *Ayıp* ist alles mögliche, von der Ungezogenheit des Kleinkindes bis zum Zusammenschlagen eines Schwächeren. *Ayıp ettin* (ungehörig hast du gemacht) sagte neulich ein Taxifahrer, dem ich einschärfte, eine deutsche Bekannte, die kein Wort Türkisch konnte, »nur ja sicher« ins Hotel zu bringen. Als *ayıp* empfand er meine wiederholte Ermahnung, denn diese drückte Mißtrauen aus, während er doch sofort die Rolle des für den Gast verantwortlichen Beschützers akzeptiert hatte.

Einem Älteren ins Wort zu fallen – selbst bei stundenlangen Monologen –, schlimmer noch, zu widersprechen, ist genauso *ayıp* wie (in manchen Familien) das Rauchen in Gegenwart der Eltern; gleichgültig, ob diese das Rauchen als gesundheitsschädlich ablehnen oder sich selbst eine Zigarette anzünden. Wenn der, wohlgemerkt erwachsene Sohn nicht in Gegenwart des Vaters pafft, bezeugt er damit seine »Ehrfurcht«. Zuvorkommendes Verhalten gebührt keineswegs immer bloß dem Höherstehenden; einen Bettler zu beschimpfen oder ihm Vorhaltungen zu machen, ist laut Koran ebenfalls *ayıp*. Was kann nicht alles *ayıp* sein! Ich fragte einmal im Basar von Izmir die Hemdenverkäufer nach einem Fotogeschäft und bekam zur Antwort: »Was willst du denn da? Willst du jemand Bestimmten treffen?« Diese Frage war offenbar nicht *ayıp*! Schließlich stellte sich heraus, daß keiner das besagte Geschäft kannte. Auf meinen Vorwurf, weshalb sie das nicht gleich gesagt hätten, belehrten sie mich, daß es *ayıp* sei, einem Fragenden eine abschlägige Antwort zu geben.

Also Vorsicht, wenn Sie nach dem Weg fragen. Notfalls schickt Sie ein Türke lieber in die falsche Richtung, als zu bekennen: »Bedaure, ich weiß es nicht.« Auch der Zusicherung, eine Reparatur werde bis zu einem bestimmten Termin ausgeführt oder etwas werde besorgt, sollten Sie mißtrauen. Ich spreche aus leidvoller Erfahrung. Als ich einmal höhnisch äußerte, ob es nicht *ayıp* sei, seine Versprechen nicht zu halten, erhielt ich die entwaffnende Antwort: »O doch, aber viel schlimmer ist es, einen Kunden wegzuschicken, weil man keine Zeit oder kein Ersatzteil hat.« Man sagt nicht »nein«, das ist *ayıp*. Der Gerechtigkeit halber muß ich erwähnen, daß die Türken Meister im Finden von Notlösungen sind, so daß »irgendwie«, wenn auch später oder anders als gewünscht und versprochen, das Armband doch repariert, eine Übernachtungsmöglichkeit doch gefunden wird.

Dagegen scheint das Beantworten von Briefen kein Gebot des Anstandes zu sein, weder von privat noch von Behörden. Wer etwas notwendig und schnell braucht, wird am besten persönlich vorstellig: Aber bleiben Sie stets höflich, auch wenn Sie über Verzögerungen, verlorengegangene Unterlagen, ja völlige Unbedarftheit der

Beamten verärgert sind. Werden Sie nicht heftig, das ist wieder *ayıp*.

Und nun hätte ich gerne meinen Mann, der beim fünften Glas Tee mit Zeitung und Zigarette am Tisch sitzt, um Rat gefragt. Aber einen Türken beim *keyif* zu stören, ist nicht nur *ayıp*, sondern herzlos. So angele ich mir ein Stück von der Zeitung und lese zu meinem Erstaunen, daß es in Izmir neuerdings weibliche Polizei im Jogginganzug gibt, die zum Schutz joggender Frauen in den Parkanlagen an der Meeresbucht eingesetzt werden. *Maşallah!* Das typisch Türkische daran ist: Die holde Weiblichkeit wird nicht nur vor den Tätlichkeiten herumlungernder Männer geschützt, sondern auch vor deren Zurufen. Denn einer Frau etwas nachzurufen (*laf atmak*) ist natürlich *ayıp*. Keine Frau, die auf sich hält, kann sich das bieten lassen. Da aber die modernen Izmirer Frauen nicht aufs Jogging verzichten wollen, haben sie sich an den Polizeipräsidenten gewandt, der einige Beamtinnen zu dem sicher nicht unbeliebten Dienst am Meeresufer abkommandiert hat.

Wie oft ist es schon zu Schlägereien auf Hochzeiten oder Beschneidungsfesten gekommen, weil angeblich jemand den Mädchen »etwas« nachgerufen hat. Die Männer der Familie fühlen sich verpflichtet, die Ehre »ihrer« Frauen zu schützen und keine Nachrede auf ihnen sitzenzulassen. Die Frauen ihrerseits müssen sich so verhalten, daß sie *laf* nicht herausfordern; was auf den Dörfern zur strikten Trennung von Männer- und Frauenbereich und zum Verstecken der Frauen vor fremden Männeraugen geführt hat. Spielerisch verteidigen schon kleine Jungen die Ehre ihrer Mütter, Schwestern oder Klassenkameradinnen, indem sie kein »Wort«

auf ihnen sitzenlassen, sondern sich für den Ruf der Betreffenden prügeln. Als fordere dieser empfindliche Ehrbegriff es geradezu heraus, werfen türkische Schüler mit übelsten Schimpfwörtern und gemeinen, beleidigenden Redensarten, in denen alle weiblichen Mitglieder der Familie des Gegners entehrt werden, nur so um sich. Sie wären fassungslos, wenn ich Ihnen übersetzte, was meine Söhne so heimgebracht haben. Und natürlich gibt es deshalb ständig Kloppereien auf dem Schulhof und Bandenkämpfe auf dem Heimweg. *Delikanlı* (verrücktblütig) nennt man die jungen Männer, die um der Ehre der Familie willen sofort zur Waffe greifen würden. Daß aus belanglosem, unüberlegtem Gerede nicht Mord und Totschlag entstehen, dafür sorgen die Väter. Ich habe schon oft beobachtet, wie – völlig unbeteiligte – Erwachsene einschreiten, sobald das Gerangel der Jugendlichen über harmlose Püffe hinausgeht.

Anders sieht die Sache aus, wenn üble Nachrede begründet ist. »Die Frauen verkörpern schließlich die Ehre (*namus*) im engsten und eigentlichen Sinn; in ihnen verdichtet sich die Idee der Integrität eines Haushaltes. Nichts zerstört die Ehre eines Hauses so vollkommen wie ein Angriff auf die sexuelle Unversehrtheit der Frauen. Der Rechtsstatus einer Familie ist ruiniert, wenn der voreheliche Geschlechtsverkehr einer Tochter oder der außereheliche einer Frau bekannt wird. Nur durch den Tod des Aggressors, gegebenenfalls auch der Frau, kann die Ehre wieder ›gereinigt‹ werden.« Diese Vorstellungen, die Werner Schiffauer bei den Bauern des Dorfes Subay kennenlernte, gelten heute noch in der Türkei, wenngleich nicht mehr ungebrochen. Zwar berichten die Zeitungen fast jede Woche von einem Mord aus Gründen der Ehre: da erschießt ein *ağabey* seine Schwester, die mit ihrem Liebhaber in die Stadt geflohen ist; sollte er den Liebhaber erwischen, ergeht es diesem nicht besser. Oder eine Mutter von zwei Kindern erschießt den Nachbarn, der ihr nachstellt – ja freilich, Frauen können ihre Ehre ebensogut selbst verteidigen. Manchmal müssen sie das sogar gegen den eigenen Ehemann, der sie auf den Strich schicken will. Die Tendenz der Zeitungsberichte geht aber dahin, Mord aus *namus*-Gründen für überlebt zu halten. Ebenso werden volksnahe Fernsehfilme nicht müde, die Unmenschlichkeit der alten Bewertungen als rückständig darzustellen, etwa dergestalt, daß der Rächer der Ehre die Sinnlosigkeit seines Tuns erkennt.

O diese türkischen Filme: Meistens kreisen sie um das eine, das Verbotene, Tabuisierte. Sogar veritable Krimi-Ansätze können sich nicht entfalten, weil die Rechtsanwältin mit dem Mörder dauernd im Bett liegt (*Savunma*, »Verteidigung«) oder weil die Witwe sich tränenreich in den Erpresser verliebt (*Genç ve Dul*, »Der junge Mann und die Witwe«). Der Ausländer kann sich nicht genug darüber wundern, daß in einer Gesellschaft mit so rigiden moralischen Grundsätzen wie der türkischen ein derart ausgeprägtes Halbweltleben in Nachtbars, Kasinos, Freudenhäusern, Sexfilmkinos existiert – die Kehrseite von *namus*. Es entbehrt nicht der Schizophrenie, daß dieselben jungen Männer, die ihre Schwester wegen einer vorehelichen Beziehung erschießen würden, ihre ersten sexuellen Erfahrungen im Freudenhaus machen. Oder daß der Geschäftsmann, der seiner Frau keinesfalls gestatten würde, am Abend alleine auszugehen, einer Bauchtänzerin im Nachtlokal Geschenke verehrt.

Diese doppelte Moral und die Konzentration der *namus*-Vorstellungen auf die Unversehrtheit der Hausfrauen und Töchter wird von türkischen Intellektuellen und besonders den gebildeten und emanzipierten Frauen heute nicht mehr hingenommen. Kürzlich veranstaltete die Zeitung *Hürriyet* (Freiheit) ein Forum zum Thema *namus*. Unter den Teilnehmern (drei von acht waren Frauen) herrschte erstaunlicherweise Einigkeit darüber, daß der *namus* des Mannes durch seine eigenen Tugenden, wie Gerechtigkeit, Zuverlässigkeit, Ehrlichkeit im Geschäftsleben, begründet sein müßte. Werte, die nach Auffassung der Diskussionsrunde freilich heute weitgehend durch eine Moral des Geldes bedroht sind. An die Stelle der geschlossenen Dorf- und Kleinstadtgesellschaft sei die mobile, städtisch geprägte Gesellschaft getreten, in der, weil keiner mehr den anderen kenne, Geld zum Ausweis des persönlichen Wertes werde. Folglich müsse man einfach Geld haben, ganz gleich, mit welchen Mitteln es erworben sei. Ob Rückkehr zu den alten, religiös begründeten Werten oder eine neue Moral die Lösung aus dem bröckelnden gesellschaftlichen Konsensus versprechen, bleibt abzuwarten.

Mit *merhaba* hatten wir unser Kapitel begonnen; schließen wollen wir es mit Formeln, die man beim Verabschieden benutzt, etwa *hoşçakal* (den Bestandteil *hoş*, lieb, wohl, angenehm kennen wir aus *hoşgeldiniz*). Der Abschiedswunsch *hoşçakal!* heißt wörtlich übersetzt: angenehmerweise bleib, und das bedeutet soviel wie »Alles Gute!«

Ihnen wäre ein Abschiedsgruß lieber, der einfacher auszusprechen ist? Ja, leider kommt das liebliche *güle güle* (Sie erinnern sich) nur in Frage, wenn sich jemand anderer verabschiedet und Sie zurückbleiben. Sind Sie selber derjenige, der aufbricht, müssen Sie sich wohl oder übel mit *Allaha ısmarladık* (alasmaladük, Betonung auf der zweiten Silbe) die Zunge brechen. Sie können natürlich bis zum Abend warten, dann haben Sie es leichter, indem Sie *iyi akşamlar*, guten Abend, wünschen – als Fortgehender wie als Bleibender.

Schluß
Restesammlung

Damit wäre ich am Ende angelangt – nein, nicht am Ende meiner Weisheit. Doch läßt sich ein Land mit einer so alten Kultur, das sich im hektischen Aufbruch in die Moderne befindet, mitnichten auf 200 Buchseiten einfangen. Jetzt ist es an Ihnen, all dem, was Ihre Neugier geweckt hat, vor Ort selber nachzuspüren. Vielleicht entdecken Sie ja Ihr Faible für die türkische Musik, die in diesem Land allgegenwärtig ist. Da gibt es die alte einstimmige Volksmusik, voller Rhythmus die Tanzlieder, gefühlvoll und von großem Atem getragen dagegen die *uzun hava* (lange Melodie).

Volksweisen und Tänze wurden nicht nur von den drei großen Komponisten der E-Musik des 20. Jahrhunderts (Adnan Saygun, Nevdit Kodallı, Cemal Reşit Rey) kunstvoll in ihre Orchesterwerke eingebaut, sondern befruchten in vielfältiger Weise die türkische Rock- und Popmusik der Gegenwart, die ständig neue Stars hervorbringt. Ob ich jetzt die temperamentvolle Liedermacherin und Altistin Sezen Aksu nenne oder das intellektuelle Trio Mazhar–Fuat–Özkan, die Komponisten Kayahan und Zülfü Livaneli, den Sänger Tarkan, Idol der Jugend, oder, als Beispiel für eine linke Gruppe die »Moğollar« – wahrscheinlich wird Ihnen das alles wenig sagen, bis Sie selbst einmal im Bus, am Strand oder im

Restaurant von den neuesten Kreationen eingelullt, aufgeheizt oder genervt worden sind.

In der Disco spielt man übrigens auch Rap, Tekno und eher amerikanische Hits. Apropos Disco: Sollten Sie als alleinstehender Mann oder in der rein männlichen Freundesgruppe zurückgewiesen werden, so hat das nichts mit Ihrem Outfit zu tun, sondern mit der Vorschrift, daß es ohne Damenbegleitung für Männer keinen Zutritt gibt, weil man fürchtet, daß Singels die anwesende Weiblichkeit anmachen könnten.

Auf dem Fußballplatz sind Männer dagegen praktisch unter sich. In diesem Bereich scheint ja so etwas wie Völkerverständigung wirklich zu klappen, denn in Deutschland kennt jedes Kind Mehmet Scholl, während umgekehrt in der Türkei Jupp Derwall als ehemaliger Trainer des Clubs Galatasaray eine Berühmtheit ist. Türkische Vereine treten inzwischen auch international in Erscheinung, doch muß man betonen, daß Fußball in der Türkei ein echter Volkssport ist, denn er verlangt keine kostspieligen Anlagen und Geräte. Basketball hat aus demselben Grund in letzter Zeit einen großen Aufschwung als Schul- und Vereinssport genommen. Vielleicht schon mal was von dem Team mit dem Biernamen »Efes Pilsen« gehört?

Nun sagen Sie nicht, türkische Sportler seien Ihnen eher als Boxer, Ringkämpfer und Gewichtheber bekannt. Gewiß, olympische Medaillen dürfen diese Athleten heimbringen, aber *der* Türke bevorzugt im eigenen Leben Ballspiele – oder verfolgt sie in den Medien. Nein, es soll nicht wieder vom Fernsehen die Rede sein, sondern von den Tageszeitungen mit ihrem ausführlichen Sportteil, der ein Mittel ist, Leser zu gewinnen.

Lange Zeit versuchten die wie Boulevardblätter aufgemachten Massenzeitungen in einem aggressiven Konkurrenzkampf sich gegenseitig die Leser mit Werbegeschenken abspenstig zu machen. Wer genügend Coupons ausgeschnitten hatte, bekam ein Kaffeeservice oder einen Schulranzen, ein Hochzeitskleid oder eine Ferienwohnung. Der Erfolg war mäßig, die Auflagen erhöhten sich kaum. Das von der Regierung Erbakan angedrohte Verbot dieser Praktiken löste prinzipiellen Widerspruch wegen Eingriffs in die »Pressefreiheit« aus.

Die anspruchsvolle *Cumhuriyet* (1923 von dem Atatürk nahestehenden Yunus Nadi gegründet) hat es stets als unter ihrer Würde betrachtet, mit etwas anderem zu werben als mit ihrer guten journalistischen Arbeit. Auch die *Milliyet* (gegründet 1950) hält ihre mittelständischen Stammleser durch sorgfältig recherchierte, maßvoll staatstreue Beiträge bei der Stange.

Die türkische Verfassung von 1982 garantiert Pressefreiheit, doch dürfen Zeitungsberichte nicht den Staatspräsidenten, das Parlament, die Regierung und die Armee beleidigen und das Ansehen der Türkei im Ausland nicht schädigen. Wegen dieser Vergehen stehen jedes Jahr zahlreiche Journalisten vor Gericht, viele sitzen im Gefängnis. Die Geldstrafen gegen einzelne Zeitungen gehen in die Millionen. Der Unerschrockenheit und dem hohen Berufsethos einzelner Journalisten ist es zu verdanken, daß sich türkische Leser noch immer über alle wichtigen Ereignisse im Land informieren können, auch wenn sie manchmal die Kunst, zwischen den Zeilen zu lesen, beherrschen müssen.

Die nationalen Feiertage, an denen Banken, Behörden

und Geschäfte (Lebensmittelläden haben immer offen) geschlossen haben, sind:

23. April: Tag der nationalen Souveränität und der Kinder

19. Mai: Atatürk-Gedenktag und Tag der Jugend und des Sports

30. August: Tag des Sieges und der Streitkräfte (Ende der Befreiungskämpfe)

29. Oktober: Tag der Republik (Jahrestag der Gründung der Türkischen Republik).

Nach Einbruch der Dämmerung fällt die Stromspannung noch sichtbar (die Lampenbirnen werden dunkler) ab, weil alle Leute gleichzeitig Licht, Radio oder Fernseher einschalten. Nicht erschrecken, im Laufe des Abends reguliert sich das wieder. Empfindliche Geräte sollten Sie nur mit einem Voltregler benutzen.

Über das Wetter habe ich wenig gesagt; hängt es zum einen doch von der Jahreszeit, zum anderen ganz von Ihrer Route ab. Als Faustregel gilt, daß an der West- und Südküste Mittelmeerklima herrscht, im Landesinneren Kontinentalklima. An der Schwarzmeerküste ist es mild, regnet aber auch im Sommer häufig. Plötzliche Gewitter im Sommer kann man selbst im wettermäßig unbeständigen Istanbul und in Thrakien erleben. In jedem Fall sind wenigstens ein warmer Pullover und ein Paar Wollsocken zu empfehlen, und sei es für die Nacht am Meer oder auf dem Schiff. Frauen sollten immer ein Kopftuch in der Handtasche haben.

Ich fürchte, wenn ich jetzt nicht abrupt aufhöre, finde ich nie ein Ende, sondern immer wieder ein Apropos. Ach ja, die Zeitungen: Alles dürfen Sie nicht glauben, was man in Deutschland über die Türkei lesen kann.

Doch wenn sich eine große süddeutsche Tageszeitung einen eigenen Korrespondenten in Istanbul leistet, dann bieten diese Artikel zweifellos eine gute Ergänzung zu dieser *Gebrauchsanweisung. Masallah!*